マーケティング論の基礎

第2版

THE BASICS OF
MARKETING THEORY

現代マーケティング研究会 編

同文舘出版

＜執筆者紹介（執筆順，2024年3月1日現在）＞

堂野崎　衛	（拓殖大学商学部教授）	序章，2章，6章
大崎　恒次	（専修大学商学部准教授）	1章，9章，15章
井上　綾野	（実践女子大学人間社会学部准教授）	3章，4章，5章，13章
河田　賢一	（常葉大学経営学部教授）	7章，10章
横井のり枝	（日本大学経済学部教授）	8章，14章
髭白　晃宜	（沖縄国際大学産業情報学部准教授）	11章，12章

第2版 はしがき

時代の変化のスピードは過去とは比べ物にならないほど劇的に速くなっています。そうした変化の速さをとらえ，ソニー元会長の故・出井伸之氏は経済誌のインタビューで次のように語っています。「黒船来航から終戦までの変化にかかった期間が約100年。戦後，ソニーやホンダが育っていく90年代半ばまで約50年。そして冷戦終結後にインターネットが登場し，パソコン，インターネットの企業が出てきてから，約25年。つまり，100年，50年，25年と世の中の変化のスピードは倍速で進んでいるのです。」

この激動の時代の中で，変化を主導するのはあらゆる分野での技術革新です。過去には数十年かかった変革が，いまではわずか数年で起こり，新たなビジネスモデルや製品，サービスが相次いで誕生し，既存の市場は塗り替えられています。これらの変化に適応するためには，企業は正確に現状を把握し，変化の方向を見据えた柔軟かつ創造的な市場へのアプローチとしてのマーケティングが必要不可欠です。

こうした変化の激しい時代潮流を意識しながら，本書は大学生をはじめとするこれからマーケティングを学ぼうとする人たちを読者の中心と想定して企画されました。我々の思いはただ1つ。「今の時代に合ったマーケティングのテキストを作りたい」というものです。

執筆者には，各大学でマーケティングに関わる講義を担当する教員らが名を連ね，異なる専門領域や研究手法，教育に対する考え方を持ちながらも，そうした差異を乗り越えて，時代に即した現代的なマーケティングのテキストを作成するという共通の目標を共有しています。本書の企画趣旨を理解し，集ったメンバーによって組織されたのが「現代マーケティング研究会」です。

この研究会での議論を基にして生まれた本書では，各執筆者の担当章において，次々に生起する新たな現象を現行の理論によって説明することができるのか，単なる新しい現象の紹介だけでなく，はたまた抽象度の高い理論の紹介にとどまらない，理論と現実との架橋を目指す内容になっていることを，本書を読み進める中で感じてもらえれば幸いです。

また，読者のために本書の構成においても随所に工夫を凝らしました。まずは，各章のトビラにそれぞれの「章のねらい」と「キーワード」が付されています。読者が各章を読み進める前に内容をイメージしやすくするねらいがあり，それぞれの章の中で重要な意味を持つ用語を示すとともに，さらに進んで，それらキーワードが他の文献ではどのように説明されているかを参照しながら読み進めていただくとより理解が深まるものと考えています。

さらに，章末には「課題レポート」と「復習問題」を提示しており，読者に各章ごとに立ち止まって振り返り，思考する機会を用意しています。

初版出版から５年が経過し，今回，第２版の出版の運びとなりましたのは多くの読者の皆様に本書をご活用いただくことができたからにほかなりません。今回の改訂では，初版では不十分であった内容を精査し，時代を象徴する新たな動向や事例を反映させるとともに，使用するデータは可能な限り最新のものにアップデートしました。

上記のような意図のもと本書は作成されていますが，不十分な点も多々あろうかと思います。その点については，読者の忌憚のないご批判やご意見をお待ちしたいと思います。多くの読者に本書が届くことを願ってやみません。

最後に，本書の上梓にあたり，出版に至るまでの長い過程の中で幾度となく編集会議やメールによる意見交換を重ねて参りましたが，そうした作業過程のあらゆる場面で支援していただき，また，遅筆な筆者の原稿を寛大なご配慮でスケジュール調整していただきまして，ようやく本書は日の目を見るところまでたどり着きました。これも偏に同文舘出版株式会社取締役・専門書編集部長の青柳裕之氏のご尽力あってこその賜物です。衷心より深謝申し上げます。

2024 年 1 月

執筆者を代表して　堂野崎　衛

目　次

マーケティング論の基礎
（第２版）

序章

マーケティング発想の重要性

本章のねらい

マーケティング論を学ぶ初学者にとって，冒頭からマーケティングの定義を取り出してあれこれと説明を加えることはあまり実利的ではない。また，マーケティングの専門用語を五月雨式に頻出してみては，用語の理解に終始してしまいマーケティングの理解を深めることにまで及ばなくなるであろう。

そこで本章では，マーケティング発想の重要性を認識するために，まずはマーケティングとは一体何なのか，なぜマーケティングが必要なのかについて市場との関係の中からマーケティングの必要性を検討していく。さらに，企業の生産活動方式が生産志向から消費者志向へと転換していくとの見方が，プロダクトアウト，マーケットインという用語で説明されるが，そこで生じる誤解を解き，マーケティングを行う企業が陥りがちなマーケティング・マイオピア（近視眼）の世界とそこから脱却するための方法を確認していく。序章という位置付けから平易に，かつ事例を交えながらこれらについて検討していく。

キーワード

市場経済，販売の偶然性，プロダクトアウト，マーケットイン，
マーケティング・マイオピア

1. マーケティングとは何か

(1) マーケティングの本質

初学者にマーケティングとは何かを尋ねると，決まって「販売すること」や「広告すること」という返答が返ってくる。この答えは大雑把に言えば正解で，マーケティングという用語が一般に広く浸透し，認知され始めていることの表れであるように思われる。

しかし，この回答で良しとするのは，マーケティングを学ぶ前段階において，いわばマーケティングという用語の断片的イメージを理解しているという意味においての括弧付きの正解であり，これからマーケティングを学ぶ者にはより正確なマーケティングの理解が必要である。

まず，私たちがこうしたマーケティングの断片的知識を持つのはなぜなのだろうか。それは私たちの生活シーンの様々な場面で企業のマーケティングに触れる機会が溶け込んでいるからにほかならない。とくに，「マーケティング」=「広告すること」という理解は，街を歩けば駅やビルなどいたる場所に，電車やバスに乗れば車内のいたる場所に，自宅で寛ぎながら見るテレビからはひっきりなしに流れ，Webサイトを閲覧すれば表示ページのいたる箇所に，新聞や雑誌を見ればページのいたる箇所に等々，企業の広告は私たちの周りに溢れ返っていることから，こうした認識に結びついているのだろう。当然，広告は製品・サービスに対する消費者の認知度を高め，さらに購買に結び付けようとする企業の経営戦略であり，あの手この手を使って私たち消費者に様々なメッセージを伝えて購買意欲を高めようとしている。広告についての詳述は後章に譲ることにするが，広告とはマーケティングの基礎概念である4P戦略の1つであるプロモーション（Promotion）に該当し，それゆえ「広告すること」=「マーケティング」ではなく，広告はマーケティングの一要素でしかない。

次に，初学者にとっての「マーケティング」＝「販売すること」という理解は，自社製品やサービスを取引先の仕入担当者や最終消費者に営業活動を行ったり，販売活動を行うことが想定されているが，なぜマーケティングを行うのかというマーケティングの目的から考えてみると，「マーケティング」＝「販売すること」とはならない。

このことに関して，アメリカの経営学者，P. F. ドラッカーは名著『マネジメント』の中で，マーケティングと販売との違いについて次のように述べている。「マーケティングの理想は販売を不要にすることである。マーケティングが目指すものは，顧客を理解し，顧客に製品とサービスを合わせ，自ら売れるようにすることである[1)]。」と。

すなわち，マーケティングとは顧客ニーズに合った製品やサービスを提供するための方法を考えることにより，販売員が強く薦めなくても自然と売れるようなシチュエーションを作り出すことにある。つまり，販売以前に「売れるための仕組み」を作り上げることにあるのである。このような理想的な状態を作り上げることこそがマーケティング担当者にとっての重要な責務なのである。

(2)　市場経済と販売の偶然性

市場経済とは，市場において私たちの日々の生活や企業が事業活動を営むために自由にモノやサービスの取引が行われる経済のことである。市場経済の下では，個人や企業は決められた範囲内で自由にモノやサービスを売買することが認められ，日本国憲法においても経済的自由権としてその行為の自由が保障されている。また，こうした経済的自由権に基づき，市場において利潤追求のための生産および販売活動を行う経済システムのことを資本主義経済という。

なぜ，マーケティング論で市場経済を取り上げるのか。それは市場経済が本源的に持つ不完全性にマーケティングの役割が大きくかかわっているからである。

市場経済の下では，生産者は売れるであろう製品を市場に送り込むが，生産者の期待通り爆発的なヒット製品になる場合もあれば，期待に反して鳴かず飛ばずの全く売れないという事態も往々にして起こりうる。市場において生産した製品すべてが確実に売れるという保証はどこにもないのである。ましてや，市場には無数の生産者が製造した製品が存在し，彼らが生産したすべての製品の所有権を滞りなく消費者に移転させることなどは現実的にみてとうてい不可能なことである。すなわち，市場経済は，供給と需要との不一致が必然的に起こる経済システムであり，売れるかもしれないし，売れないかもしれないという不確実性が支配する不安定な経済システムなのである。このことを販売の偶然性と呼んでいる。

(3) 販売の偶然性とマーケティング

不安定な経済システム下で起こる販売の偶然性という命題は企業にとって極めて深刻な影響をもたらす。この販売の偶然性を可能な限り取り除いていかない限り，個々の企業は市場の中で存続していくことは難しくなる。仮に，こうした不確実性を少しでも緩和することができれば，企業の存続はより安定的なものとなるだろう。そこで販売の偶然性の緩和を目指すための方策としてマーケティングが展開されることになるのである。P. F. ドラッカーが述べたような「売れるための仕組み」づくりを体系的に行いながら，絶えず改善していくことこそが販売の偶然性を解消に導いてくれるのである。

しかし，企業がいかに優れた生産技術を有していても，いかに優れた製品を開発したとしても，いかに精緻なマーケティングを展開したとしても，販売の偶然性が完全に解消されることはない。そうした意味で，販売の偶然性へのマーケティングによる対応は，不安定な市場システムに対する企業の終わりなき格闘なのである。

2.　マーケティングをどのように展開するか

(1) 「プロダクトアウト」と「マーケットイン」

ここではまず，プロダクトアウトとマーケットインの2つの用語を整理するところから始めよう。

プロダクトアウト（Product out）とは，自社が保有する優れた製造技術や製造設備，取引ネットワークやノウハウを活用して作られた製品を市場に送り込むシーズ志向[2]に基づく生産活動方式である。他方，マーケットイン（Market in）とは，買い手となる市場の潜在的購買者のニーズを汲み取り，自社の製造技術や設備を活用して製品化を目指すニーズ志向[3]に基づく生産活動方式である。

これら2つの生産活動方式は，時代の変化とともに次のように変化を遂げてきたと理解されることが多い。

1950年～70年代にかけての高度成長期のように，消費者の物質的な欲望が満たされていなかった時代にも現代と同様に市場には多様なニーズを持つ消費者は存在した。しかし，個々の消費者ニーズを満たす製品を開発する企業はごく稀で，個々の市場ニーズに対応するというよりも，むしろ，この時期の企業は規模の経済性を追求するために市場ニーズを最大公約数的に把握し，市場のマスを求めて行動する企業が多かった。自社の持つ優れた生産技術と製品の機能面や性能面の優位性をマスの市場ニーズに対応させながら，生産した大量の製品を市場に送り込む企業が大勢を占めていた。まさにこの時代は，企業が提案する優れた大量の製品を市場に流し込み，物質的に満たされていなかった消費者を右に倣えで首尾よく受容させるプロダクトアウト（作ったモノを売る）の時代だった。

しかし，高度経済成長が終焉を迎える1970年代中盤頃から，市場の成熟化や飽和化，あるいは生産技術の高度化の進展などによって，次第にあらゆる業界で供給過剰が進み始めた。市場では消費者の量的な欲望はある程度満たされはじめ，「良いモノを作っても必ずしも売れない」ということが起こり始める。そこで，各企業は少しでも自社製品の販売の可能性を高めるため，消費者の潜在的なニーズを把握しながら，これに即した製品開発に舵を切る必要性が生じてきた。モノが容易には売れなくなった時代の中で市場が求める製品を送り込むというマーケットイン（売れるモノを作る）の発想が企業存続にとって重要な考え方であることがこの時期に広まった。こうした一連の変化の時代認識が，企業のプロダクトアウトからマーケットインへの発想の転換を促したと説明される。

(2) 「プロダクトアウト」から「マーケットイン」へという誤解

上述してきたような，プロダクトアウトからマーケットインへの発想の転換という説明は日本の市場における変化のプロセスを踏まえれば優れて説得的だといえる。しかし，プロダクトアウトの時代からマーケットインへの時代という直線的な理解は決して正しいものとは言えないのではなかろうか。それは，プロダクトアウトとマーケットインの考え方自体，現実の企業活動は必ずしも前者から後者へ移行しているわけでもなく，また，どちらが正しいとかどちらが優れているというものでもないからである。

このことを理解するためにも，現代企業の製品開発を具体的に思い浮かべてみてほしい。例えば，Appleは自社が保有する優れた製品開発力を基盤として次々に世の中に新製品を送り出す，プロダクトアウト型企業の典型として知られる。同社が2001年に発売したiPodは，「小型HDDを搭載したMPプレイヤー」として，これまでのポータブル音楽プレイヤーが抱えていた容量不足（収録曲数の限界）という問題を克服し，デザイン性を兼ね備えた画期的な製品として発売された。それだけではなく，同社が開発したiTunesと呼ばれるアプリケーションソフトを通じてインターネット経由で音楽をダウンロードすることでiPodに転送する仕組みは，同社のデジタルハブ戦略[4)]の1つとして展開され，のちに，音楽はCDやレコードを購入して聞くものからダウンロードして聞くものという音楽の入手方法自体を一変させ，消費者の行動を大きく変革させた。

また，iPodのさらなる普及がその後の音楽市場全体のあり方を変革させたという意味でこの時期における革命的な製品として知られる。

また，2007年に発売された同社の初代iPhoneも「ワイド画面でタッチ操作可能なiPod」「革命的な携帯電話」「画期的なインターネットコミュニケーション機器」の3つを統合したデジタル機器，スマートフォンとして発売され，私たちのライフスタイルを大きく変革させた製品として知られる。

次にサービスで見てみると，Googleが典型例であろう。同社が提供する3つの機能についてみていこう。

1つめは「ページランク」機能である。この機能は，Webページを作る企業がどのくらい他のサイトからリンクされているのかを測ることで当該Webページの重要度を知る指標で，自社Webページのランキングを知ることができるサービスである。2つめは,「I' m feeling Lucky」機能である。この機能は，同社Webページのトップ画面にある検索窓にキーワードを入れてこのボタンをクリックすると，検索結果の最上位にあるWebページが直接開かれるという機能で，通常の検索エンジンでは検索結果が上位から表示され，さらに閲覧したいサイトをクリックする2段階で検索しなければならない手続きを簡略化する機能である。3つめは「パーソナライズド」機能である。検索エンジンを利用している利用者の属性によって興味・関心のある検索結果を表示する機能で，過去の検索履歴や利用者のアクセス地点，同社が提供するSNSでのつながりなどから利用者に最適な検索結果を表示するものである。

こうした製品やサービスは，当該企業が有する技術的優位性を軸に展開するプロダクトアウトの典型例であり，こうした企業のブレークスルーを通じて新たな市場が生み出され,私たちの暮らしはより豊かで快適なものになっていく。

つぎに,マーケットイン型の企業を見ていこう。先にも述べた通り,マーケットインとは消費者ニーズに徹底的に応えながら製品開発を行う企業である。

例えば，日用雑貨品メーカーであるP&Gでは新発売する洗濯洗剤の開発に際し，徹底的な消費者調査を実施した結果，多くの主婦が食べ物汚れに困ったりその処理に手間をかけたりした経験があること，そして「衣類にしみついてしまった汚れを手間をかけて落とすより，ふだんの洗濯で汚れをつきにくくすること」[5] が潜在的ニーズにあることをつきとめ，落ちにくい食べ物汚れを普段の洗濯で最初から付きにくくする「予防洗い」をコンセプトにした「アリエール レボ イオンジェルコート」を2011年に発売し，ヒット製品となった。

また，清涼飲料メーカーであるアサヒ飲料は，競争の激しい缶コーヒー市場で生き残りをかけて新製品の開発に着手した。しかし，缶コーヒーはすでに成熟市場の1つで，他社からは次々に新製品が発売され，単純なパッケージ変更や味のリニューアルだけでは他社との差別化が極めて難しい製品カテゴリーとなっていた。そこで，今一度缶コーヒーに求められる消費者ニーズの徹底的な洗い出しを行った結果，缶コーヒーの飲用理由の1つに「目を覚ますため」や「始業前に気合を入れるため」などの朝の時間帯に缶コーヒーが飲用されていることが判明した。さらに朝の時間帯に飲用する消費者が全体の約4割強いることも判明したため，同社では，朝専用の缶コーヒーを作ることを決め「ワンダ モーニングショット」が誕生した[6]。アサヒ飲料のこの決断は，「朝」という時間で消費者を限定することになるため，自ら市場を狭める選択であったが，他社がこうした切り口で製品を展開していなかったことから，2002年の発売当時売り上げを伸ばすことができた好例である。

以上のような，現代企業の製品開発手法の相違を見ればわかるように，プロダクトアウトとマーケットインの発想は同時代に併存し，いずれの開発手法にも優劣はつけられない上に，プロダクトアウトからマーケットインへの変遷とみることもできないのである。ただし，注意すべきはプロダクトアウト型の企業において全く市場のニーズを反映させていないことなどありえないわけで，ニーズがないものが市場で受け入れられることがないことを考えれば，高度なニーズ分析に基づいて，消費者の生活やライフスタイルがより豊かに，そしてより便利になることを提案する企業提案型の製品開発手法であることを知る必要があるだろう。

(3) マーケティング・マイオピア

企業は自社製品やサービスの販売にあたり，様々なマーケティング技法を駆使して市場に働きかける。これらの製品やサービスは市場ニーズに適合させたいわゆるマーケットイン型の製品として開発された。市場では多くの消費者に受容された製品がもてはやされ，そうした製品が時として時代を象徴する製品となる。過去を振り返れば，携帯電話もCDもVHSビデオデッキもその時期に高水準に普及した。しかし，こうした製品群も，やがてスマートフォンが登場し，MP3音楽プレイヤーが登場し，ブルーレイディスクが登場した結果，いまでは過去の遺物に成り下がってしまっている。これらの製品群はすべて完全に代替されたわけではないが，多くの企業でこれら製品群の新製品やサービスの提供が打ち切られる，または事業縮小しているため，実質的に代替製品に主役の座が取って代わられている。こうした代替は製品レベルだけでなく産業レベルでも起こりうる。エネルギー産業しかり，小売産業しかりである。エネルギー産業では木炭から石炭，そして石油へと旧来型エネルギー産業は次々に斜陽産業化してきたし，小売業界でも年間販売額において1970年代に百貨店がスーパーマーケットに，さらにGMS（総合量販店）に主役の座を奪われたし，その後，コンビニエンスストアやドラッグストア，ホームセンターやカテゴリーキラーと呼ばれる各種専門店チェーンの台頭により，GMS業態は凋落の途を辿っている。

こうした一世を風靡して時代の寵児となった製品や産業が代替製品や代替産業にその座を奪われるのはなぜなのかを指摘したのがT.レビットである。彼の著名な論文「マーケティング・マイオピア（marketing myopia）」の中で，その製品の機能のみに固着してしまうと自らの事業を狭く定義することになり，そうした状況においては競合他社との関係や市場環境に変化が生じた場合に即座に対応することができず，事業領域を失ってしまうことを指摘している。

自らの事業の定義にあたり，マイオピア（近視眼）に陥らないようにすることが企業にとって重要である。彼の著した本の中に有名な「4分の1インチのドリル」という逸話が登場する。そこでは，レオ・マックギブナ氏の言葉を借りて次のような一節から始まる。

「昨年，4分の1インチ・ドリルが100万個売れたが，これは，人々が4分の1インチ・ドリルを欲したからでなくて，4分の1インチの穴を欲したからである」[7] というものである。企業は目の前の現象に囚われすぎてしまうと，目的と手段との転倒が起こってもそれを理解しようとしなくなるという。つまり，この逸話では，本来，消費者のニーズは「4分の1インチの穴」（目的）であったにもかかわらず，「4分の1インチ・ドリル」（手段）を最初から必要としていたかのような転倒が起こることがある。企業は売れたドリル（手段）に固執してしまい，ドリルの性能や機能を高めるために日々製品改良を行い，価格を下げるべく生産コストの削減に勤しみ，ドリルを購入できる場所を拡げ，ドリルの広告に多大な時間とコストをかける。ドリルを売るために懸命なマーケティング努力を行うのである。これは至極当然の企業行動であろう。

しかし，本来の消費者ニーズは「4分の1インチの穴」にある。ドリルを製造した企業が本当の問題に直面するのは，代替製品，すなわち「4分の1インチの穴」を提供する他の画期的な製品やサービスが登場した時である。こうした代替の登場によりドリルの市場は一挙に失われてしまうことになりかねないのである。

本来，目的を達成するための手段は多様であり，あらゆる方向からその目的に対するアプローチが可能となるはずである。自らの生存領域を自らの手で狭く理解しないためにも企業は正しくマーケティングを実行しなければならない。それができなければ足元をすくわれてしまうことになるのである。

(4) マーケティング・マイオピアを超えて

企業がひとたびマーケティング・マイオピアに陥ると，ビジネスチャンスを逃してしまうことにもなりかねないことは先にも述べた。自らの事業領域をマイオピアに陥ることなく，拡張展開している企業は世の中にたくさんある。

そこで，精密化学メーカーの富士フイルムの事例から確認してみよう。同社はもともと，カメラ，デジタルカメラ，エックス線写真，映画用フィルム，印画紙，OA機器の複写機などを開発・販売し，これまで病院で使用する医療機器などの産業材や，使い捨てカメラの「写ルンです」やインスタントカメラの「チェキ」，デジタルカメラの「FinePix」など私たちにもたいへん馴染みの深い製品を次々と世に送り出してきた。そんな写真技術を用いた機器を事業の柱とする同社が，2006年に化粧品・サプリメント製品事業に参入し，一躍世間から注目を集めた。

しかし，同社にしてみれば，主力だった写真フィルム事業も化粧品・サプリメント商品事業も全くの異分野事業ということではなかったのである。同社ではこうした新事業分野をライフサイエンスと位置づけ，機能性化粧品やサプリメント，ヘアケア製品群を中核に据えて事業展開を行っている。なぜ，同社は化粧品事業に参入できたのだろうか。そもそも，化粧品事業において必要とされる肌の角層に有用成分を届けるための「ナノテクノロジー」技術は，写真フィルムという極薄の膜の内部に，光や色，画像を司る微粒子を安定的に配置する技術と同じで，参入前からすでに同社が写真フィルムを開発して培ってきた技術だった。

また，人間の皮膚の約70％を構成するといわれるコラーゲンは，写真フィルムの主成分でもあり，純度が高く，高機能なコラーゲン開発はこれまで写真フィルムの技術研究の中で古くから進められてきた。そのほか，紫外線などの外的ダメージから肌を予防する「抗酸化」技術は，写真を美しい状態のまま保存するための技術として研究が進められてきたもので，これらすべて同社がこれまで培ってきた技術をプラットフォームにして新しい顧客ニーズに応えるために事業領域を拡大させたのである。同社が誇る主力の化粧品ブランドである「ASTALIFT（アスタリフト）」はこうして誕生した[8)]。

化粧品分野への進出の契機は技術的な汎用性によるものだけではなく，同社を取り巻く市場環境の変化への対応という動機もその1つとなっており，自らの事業領域はどこにあるのか，自らで自らの事業領域を狭めることのないように常に市場との関係において立ち位置を把握する努力が必要なのである。

マーケティングは変化する市場，不安定な市場にいかに対応していくのかが常に突きつけられており，市場の変化に対応または順応できない企業，常に新しいことにチャレンジしない企業は，遅かれ早かれ淘汰されてしまうことになることを，マーケティング・マイオピアという考え方は教示してくれているのかもしれない。

【課題レポート】

① プロダクトアウト型企業とマーケットイン型企業の特徴を具体的な製品やサービスの事例を用いてまとめなさい。

【復 習 問 題】

① プロダクトアウトとマーケットインの違いについて説明しなさい。
② マーケティング・マイオピアとは何かについて説明しなさい。

<注>

1) Drucker〔1973〕(訳書 p.78)。
2) シーズ志向とは，製造技術や製造設備，ノウハウやアイディアなどの自社が保有するビジネスの「種 (seeds)」を活用する，生産志向に基づく製品やサービスの開発手法である。
3) ニーズ志向とは，市場ニーズ (needs) を反映させた製品やサービスを自社の製造技術や製造設備を活用しながら製品化を目指す消費者志向に基づく開発手法である。
4) デジタルハブ戦略とは，当時 APPLE 社が掲げていたパソコンを中心としてカメラ，音楽プレーヤー，ビデオカメラ，その他のデジタル機器をつなげていくビジネス構想のこと。
5) P&G プレスリリース，2011 年 4 月 19 日。
6)『日経 MJ』(2003 年 2 月 8 日)，『日経産業新聞』(2003 年 5 月 1 日) 参照。
7) Levitt〔1969〕(訳書 p.3)。
8) FUJIFILM ビューティー & ヘルスケア online ホームページ《https://shop-healthcare.fujifilm.jp/contents/biken/vol9.html》(最終閲覧日：2018 年 10 月 18 日参照)。

<参考文献>

Drucker, P. F.〔1973〕*Management: Tasks, Resiponsibilities, Practice,* New York: Harper & Row.（上田惇生訳〔2008〕『ドラッカー名著集 13 マネジメント—課題，責任，実践—（上)』ダイヤモンド社。）
Kotler, P. and G. Armstrong〔2001〕*Principle of Marketing* (9th ed.), Prentice Hall.（和田充夫監訳〔2003〕『マーケティング原理』ダイヤモンド社，2003 年。）
Levitt, T.〔1969〕*The Marketing Mode: Pathways to Corporate Growth,* McGraw-Hill, Inc.（土岐坤訳〔1971〕『マーケティング発想法』ダイヤモンド社。）
ハーバード・ビジネス・レビュー編集部〔2014〕『ハーバード・ビジネス・レビュー BEST10 論文』ダイヤモンド社。
石井淳蔵・廣田章光〔2009〕『1 からのマーケティング（第 3 版)』碩学舎。
石井淳蔵・栗木契・嶋口充輝・余田拓郎〔2013〕『ゼミナール マーケティング入門（第 2 版)』日本経済新聞出版社。
小川孔輔〔2009〕『マーケティング入門』日本経済新聞出版社。
保田芳昭編〔1999〕『マーケティング論（第 2 版)』大月書店。

第1章

マーケティング概念の変遷

本章のねらい

本章では，マーケティングの概念（考え方）について理解することを目標としている。

「売れるための仕組み」であるマーケティングは，企業や組織の対市場活動と呼ばれているが，時代の変化に合わせてその主体や客体の適用範囲を拡大させてきた。

まず，そもそもマーケティングとはどのように誕生してきたのかについて確認していこう。次に，企業におけるマーケティングの考え方や切り口（マーケティング・コンセプト）について確認する。そして，マーケティングの定義の変遷について確認する中で，研究領域としてのマーケティングの広がりをみていこう。最後に，近年のサービス経済の進展の中で，マーケティングの基本的前提についても変化の兆しが出てきている。こうした点についても若干触れていくことで，マーケティングの広がりや新たな動きについても学んでゆこう。

キーワード

社会経済的な視点，個別企業的な視点，高圧的マーケティング，非価格競争，マーケティング・コンセプト（生産，製品，販売，マーケティング，ソサイエタル・マーケティング），社会責任としてのマーケティング，非営利組織のマーケティング，G-D ロジック，S-D ロジック

1. マーケティングの生成とその視点

(1) マーケティングの生成

マーケティングは，19 世紀後半から 20 世紀初頭のアメリカで誕生したといわれている。その背景には，製造業者の生産力に伴う市場を見いだせない，いわゆる「市場の諸問題」が生じたことに対処していかなければならなかったことが挙げられる[1)]。

南北戦争を契機とする鉱工業の発展やそれに伴う鉄道網の整備，さらには西漸運動による西部地域の開拓の中で製造業者の生産力は大規模化・集中化していった。しかし西漸運動が終わりを告げる中で，アメリカ国内市場が停滞し始め，生産力に見合うだけの市場を見いだせない市場の問題が生じたのである。こうした生産物の流通過程の問題について焦点を当てていく研究領域がマーケティングである[2)]。

(2) マーケティングの生成における 2 つの視点[3)]

マーケティングの生成には，社会経済的な視点と個別企業的な視点という大きく 2 つの視点が存在する。

社会経済的な視点とは,「生産段階から消費段階まで商品が“いかに流れているか”に焦点を絞り, マクロ的な立場から流通構造の解明や社会的効率性等」を対象としている。この視点が生まれた背景には，その当時のアメリカの農産物市場における物価上昇等によるコストの問題に関心が高かったこと，また 19 世紀末から始まった消費者運動において，流通コスト問題や中間商業者排除の問題など，流通過程の諸問題を社会的経済的な視点から研究することに対する強い要請があったことが挙げられる。

一方，個別企業的な視点とは，「各企業がそれぞれ生産する自社の商品（製品・サービス）を“いかに流すか”を重点的に考え，各企業の立場から円滑に自社の標的となる消費者に商品を流していくか」を対象としている。

当初，個別の企業による主な活動手法は，ブランディングやパッケージング，広告，セールスマン等であったが，生産した製品をいかに販売するかという高圧的に市場に働きかけるやり方は「高圧的マーケティング」と呼ばれるものであった。しかしその後，1920年代後半の大恐慌以降になると，市場調査が重視されるようになり，市場調査に基づくプロダクト・プランニング（マーチャンダイジング）を中心とした「低圧的マーケティング」と呼ばれる活動へと移行していく。また，この時期は，各産業においても寡占化が進み，寡占的製造企業によるマーケティングが主流となっていく。その特徴は，非価格競争を中心とした問題解決を目指したマーケティング諸活動である[4)]。

このように，マーケティングの生成には2つの異なる視点が存在するが，徐々に個別企業的な視点の意味合いが強くなっていく。

ところで，日本においてマーケティングの研究が始められたのは，1910年代中頃に神戸でマーケティングの報告がなされたといわれている。その後，1929年から東京商科大学（一橋大学の前身）や神戸商業大学（神戸大学の前身）にて「配給論」や「市場論」という講座の中でマーケティングが講義されていたといわれている。また，日本の実業界にてマーケティングが注目されるようになったのは，1955年秋に日本生産性本部のアメリカ視察団が帰国し，当時の団長であった石坂泰三氏の記者会見による報告時に「マーケッティング」という言葉が出たことに端を発するといわれている[5)]。

2.　マーケティング・コンセプトの変遷

個別企業がマーケティング諸活動を遂行する際，どのような切り口や視点を用いることがふさわしいのか。こうしたマーケティングの戦略設計に関する考え方や捉え方をマーケティング・コンセプトまたは志向と呼ぶ。このコンセプト（志向）の重きを置く部分は，企業のこれまでないし今後の戦略のあり方や事業内容によって異なってくる。ここではマーケティングを行う際の事業観として，どのような切り口があるのかについて説明していく[6]。

企業がマーケティングを実施する切り口となるコンセプト（志向）には，生産コンセプト，製品コンセプト，販売コンセプト，マーケティング・コンセプト，ソサイエタル・マーケティング・コンセプトの５つがある[7]。

①　生産コンセプト（生産志向）

生産コンセプトは「消費者は価格が手ごろで有用な製品を好むので，経営者は生産及び流通の効率向上に重点をおくべき」という考え方である。これは，製品の需要が供給を上回っている，いわゆる売り手市場の場合や，生産のコストが高すぎるために生産性を高めてコスト削減をしなければならない場合に有効となる。ただし，安さだけを消費者が望んでいるのかについては注意が必要となる。

②　製品コンセプト（製品志向）

製品コンセプトは「消費者は品質と有用性に優れ，特徴のある製品を好むので，企業は常に製品の改良に努力しなければならないという考え方」であり，「消費者の立場で新製品についてきめ細かい配慮をすること」である。これはより良い製品を提供することを目指す考え方である。ただし，そこに没頭し近視眼的マーケティングに陥らないよう注意が必要である。消費者が望んでいるのはより良い製品ではなく，より良い解決策かもしれない。

③　販売コンセプト（販売志向）

販売コンセプトとは，「企業が相当な売り込みとプロモーション努力を行わないかぎり，消費者はその企業の製品を多く購入しない」という考え方である。消費者に対して積極的な販売活動への注力が必要ということである。ただし，すでに生産された製品の販売を前提とするため，このコンセプトが強くなると，過度な販売活動（ノルマ）に意識が集中し，顧客との長期的な関係よりも短期的な販売活動を重視するおそれがある点には注意が必要となる。

④　マーケティング・コンセプト（顧客志向）

マーケティング・コンセプトとは，「標的市場のニーズと欲求を見きわめて，顧客が望む満足を競合他社よりも効果的，効率的に供給できるかどうかが，企業目標を達成する鍵となる」という考え方である。このコンセプトは販売コンセプトと同義に捉えられやすいが，販売コンセプトが内から外へ（プロダクトアウト）に基づいているのに対し，マーケティング・コンセプトは外から内へ（マーケットイン）の視点に基づいているという違いがある。市場を適切に理解するためにも，顧客のニーズを常に考えそこに向き合い応えていくことで，結果として顧客に満足を与えることが重要となる。

⑤　ソサイエタル・マーケティング・コンセプト（ソサイエタル・マーケティング志向）

ソサイエタル・マーケティング・コンセプトとは，「組織は標的市場のニーズ，欲求，関心を正しく判断し，顧客と社会の幸福を維持・向上させるやり方で，要望に沿う満足を効果的かつ効率的に提供しなければならない」という考え方

図表 1-1　ソサイエタル・マーケティング・コンセプトと基本要件

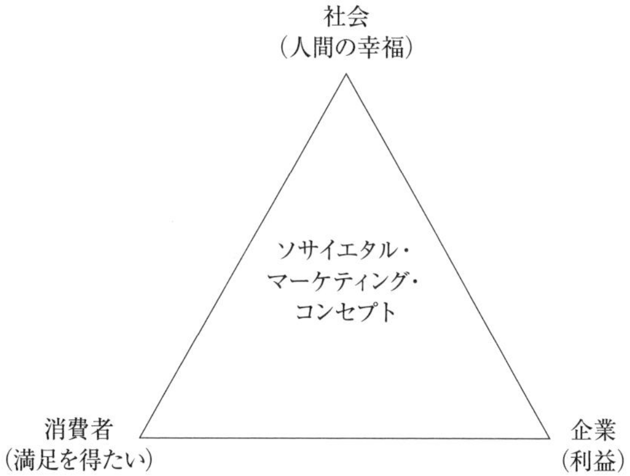

出所：Kotler and Armstrong（訳書，p.28）参照。

である。世界の直面する貧困や飢餓，さらには環境問題など多くの問題への取り組みは持続可能な開発目標(SDGs)として必要不可欠となっている。したがって，顧客の満足に応えるだけの狭義のマーケティング・コンセプトでは「短期的な欲求と長期的な幸福はかならずしも一致しないという問題」を見逃してしまうかもしれない。**図表1-1**のように，消費者（満足を得たい）だけでなく，社会（人間の幸福），そして企業（利益）の3者がそれぞれ長期的な視点で存続していけるための配慮が重要視されているのである。

このように，5つのコンセプトについては，それぞれ特徴がある。市場の状況や企業の行動指針において，どのコンセプトに重点を置くかは異なってくる。

3. マーケティングの概念の移り変わり

上記では個別企業の観点からマーケティング・コンセプトについて説明してきたが，そもそも，マーケティングとは何かについて，マーケティングの定義からも確認しておこう。マーケティングの定義は時代に合わせて改定が行われているが，どのように移り変わってきたのだろうか。ここではアメリカマーケティング協会（American Marketing Association：以下，AMA）におけるマーケティングの定義を中心として，その移り変わりをみていこう[8]。

アメリカマーケティング協会の前身である全国マーケティング教職者協会（National Association of Marketing Teachers：NAMT）においては，1935年にマーケティングの定義が示されている。ここでのマーケティングとは，「生産から消費に至る財およびサービスの移転にかかわるビジネス諸活動である」（Marketing includes those business activities involved in the flow of goods and services from production to consumption.）と定義されている。

生産から消費にいたる，いわゆる流通過程に焦点を当てることは，マーケティングの生成時における社会経済的（マクロ的）な視点が反映されていることが伺える。また，経営学や経済学とは異なるマーケティング固有の研究領域を示すものといえる。

次に1948年に定義され，1960年も承認されたAMAの定義は，「生産者から消費者ないしユーザーにいたる財およびサービスの移転を管理するビジネス諸活動の遂行」(Marketing is the performance of business activities that direct the flow of goods and services from producer to consumer or users.)とされている。

つまり，この定義では，生産者（製造業者）が主体となることが明示されており，個別企業的（ミクロ的）な視点が色濃くなっている。

その後，1960年代後半から70年代にかけて，マーケティングの概念拡張論が提示される。ここには2つの流れがある。1つは，マーケティング活動の領域が拡大することにより企業の活発なマーケティング諸活動が公害や環境破壊に結びつくことに対する批判の高まりに対して，社会の構成員として企業が果たすべき社会での役割としてのいわゆる「社会責任としてのマーケティング」の流れである。もう1つは，ビジネス諸活動と限定されていたマーケティングを病院や学校，地方自治体などといった非営利組織の活動にもその適用範囲を広げていくという「非営利組織のマーケティング」という流れである[9)]。こうした流れを受け，1960年から25年後の1985年に定義の改定が行われている。ここでは，マーケティングとは「個人および組織の目標を満たす交換を創出するために，アイデア・商品・サービスの概念形成，価格設定，プロモーション，流通を計画し，実行するプロセスである」(Marketing is the process of planning and executing the conception, pricing, promotion, and distribution of idea, goods, and services to create exchanges that satisfy individual and organizational objectives.) と定義されている。

この特徴は，生産者だけではなく，個人や非営利組織も含めた組織が主体となり，客体としては製品・サービスにアイデアが加わることで，これまでの定義と比べて広い意味を含んでいることになる。つまり，営利企業におけるビジネス諸活動としての取引だけでなく，非営利組織や個人も含むために「交換」という概念が用いられている。さらに流通過程からマーケティング・ミックスの4つのP（Product，Price，Promotion，Place）へ注目するとともに，計画立案と実行する過程といったいわゆる管理プロセス（計画－実行－統制）が示されている。

AMA においては，1985 年から約 20 年が経過し，2004 年に定義が改定されている。ここでは，マーケティングとは「顧客に対して価値を創出し，伝達し，提供し，また組織とそのステークホルダーに利益をもたらすやり方で顧客関係を管理するところの，組織的機能でありかつ一連のプロセスである」（Marketing is an organizational function and a set of processes for creating, communicating, and delivering value to customers and for managing customer relations in ways that benefit the organization and its stakeholders.）と定義されている。

マーケティングが「組織的機能でありかつ一連のプロセス」であり，「顧客関係を管理」すること，「顧客に対して価値を創出」すること，さらには「組織とそのステークホルダーに利益をもたらす」といったことが 1985 年の定義との違いとして挙げられる。

しかし，この定義からわずか 3 年後の 2007 年に新たな定義の改定が行われている。これまでの定義の改定までと比べれば極端に短い時間での改定となっている。ここでの定義は，マーケティングとは，「顧客，得意先，パートナー，そして社会一般にとって価値ある提供物を，創造し，伝達し，配送し，交換するための活動であり，一連の制度であり，プロセスである」（Marketing is the activity, set of institutions, and processes for creating, communicating, delivering and exchanging offerings that have value for customers, clients, partners, and society at large.）としている。

この特徴は，マーケティングの主体（営利企業や非営利組織，個人など）の対象となる「顧客，得意先，パートナー，社会一般」の広がりや客体としての「価値ある提供物」を提示することで，2004 年の定義ではうまく捉えきれていなかったマーケティングの適用範囲の広がりに対処していると考えられる。なお，その後 2013 年，2017 年とこの定義が承認されている。

ところで，日本では，1990 年に日本マーケティング協会によるマーケティングの定義が示されている。ここでは「マーケティングとは，企業および他の組織がグローバルな視野にたち，顧客との相互理解を得ながら，公正な競争を通じて行う市場創造のための総合的活動である」としている。「他の組織」には，教育・医療・行政などの機関，団体などを含み，「グローバルな視野」には，国内外の社会，文化，自然環境の重視を，「顧客」には，一般消費者，取引先，関係する機関・個人，および地域住民を含み，「総合的活動」には組織の内外に向けて統合・調整されたリサーチ・製品・価格・プロモーション・流通，および顧客・環境関係などに係る諸活動を指している。この定義作成には，1985年のAMAの定義では「日本の事情からすると満足できない」等の意見が示される中で提示された定義である。その後，2024年に「顧客や社会と共に価値を創造し，その価値を広く浸透させることによって，ステークホルダーとの関係性を醸成し，より豊かで持続可能な社会を実現するための構想でありプロセスである」と定義が刷新されている[10]。

このように，AMAを中心としたマーケティングの定義の移り変わりからは，マーケティングが固有の研究領域の基盤を整備するとともに，マーケティングの考え方が普及・浸透していく中で，その適用範囲を広げているといえる。

4. サービスを起点としたマーケティング的思考のフレームワーク

その時代に求められるマーケティング定義の改定は，マーケティング概念の可能性を引き出すことにも貢献している。とくに，交換という概念に焦点が当てられたことは，マーケティングの主体と客体を広げ，これまで以上にマーケティング研究領域の拡大につながっているものと思われる。

近年のように，サービス経済化が進展していく中で，企業から提供される価値物においては，製品とサービスが分離しにくく，一体化していることで顧客に対する価値の提供につながっていることは日常的にも増えている。また，製造業者においても従来のようにモノを製造するだけでなく，顧客に対して「価値」を提案，提供する活動の重要性は高まっている[11]。

マーケティングの研究としては，1980年代以降，4Psマーケティングでは説明できない領域を扱う研究領域が台頭する中で，マーケティングに対して新たな基本的な前提を提起し，論理を組み立てる動きが出てきている。それは，マーケティングの基本的前提が財中心の論理（G-D ロジック）からサービス中心の論理（S-D ロジック）へと移行するのではないかという動きである[12)]。ここではこうした動きについて，新たなマーケティング的思考のフレームワークの展開として，若干ではあるが，触れておこう（詳しくは「第 13 章 サービス・マーケティングの基礎」を参照されたい）。

G-D ロジックは，「グッズ（財，とくに製品）を中心に据えて経済交換をとらえるマインドセットあるいはレンズ」である。ここでの主要な経済交換は製品（売り手）と貨幣（買い手）となる[13)]。

例えば，売り手を製造業者とし，買い手を消費者とした場合，製造業者は原材料などを仕入れ，製品の製造過程の中で市場性や希少性といった価値を付加し製品を製造する。この製造された製品について，製造業者はマーケティング諸活動を行っていく。消費者は製品を購入し，その代金として貨幣を支払う。こうして製品を手に入れた消費者は，その製品を使用・消費することで製品の効用を破壊したり減少したりすることによって消費欲求を満たしていく。つまり，こうした一連のやりとりには，（有形及び無形の）財ないし製品が中心であり，その背景には，有形な資源や取引の重視，さらには完成された製品の中に価値が埋め込まれているという交換価値が中心の考え方と指摘される。

図表 1-2　G-D ロジックと S-D ロジックの基本的前提の違い

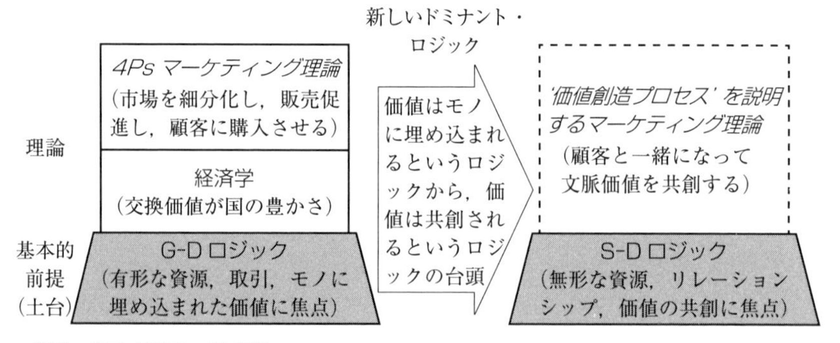

出所：田口［2017］p.11 参照。

一方，S-D ロジックは，「サービスを中心に据えて経済交換をとらえるマインドセットあるいはレンズ」である[14)]。その特徴は，価値はモノに埋め込まれているのではなく，共創される中で生まれるという指摘である。この新しい土台には，無形な資源やリレーションシップ，価値の共創に焦点を当てることが必要であり，「顧客と一緒に文脈価値を共創する」“価値創造プロセス”が重視される。

このS-D ロジックでは，経済学における効用概念に基づくG-D ロジックに対し，マーケティング（顧客視点）に基づき，G-D ロジックをも包括するマーケティング理論の構築のために，土台となる基本的前提や公理を提示している。

S-D ロジックにおける基本的前提や公理は以下の通りである[15)]。

① サービスが交換の基本的基盤である。（公理 1）
② 間接的交換は交換の基本的基盤を見えなくしてしまう。
③ グッズはサービス提供のための伝達手段である。
④ オペラント資源が戦略的ベネフィットの基本的源泉である。
⑤ すべての経済がサービス経済である。
⑥ 価値は受益者を含む複数のアクターたちによって常に共創される。（公理 2）
⑦ アクターは価値を提供することができず，価値提案を創造したり提示したりすることにしか参加できない。
⑧ サービス中心の考え方は，元来，受益者志向的であり，かつ関係的である。
⑨ すべての社会的および経済的アクターが資源統合者である。（公理 3）
⑩ 価値は常に受益者によって独自にかつ現象学的に判断される。（公理 4）
⑪ 価値創造はアクターが創造した制度や制度配列を通じて調整される。（公理 5）

なお，S-D ロジックはG-D ロジックの存在を否定するのではなく，無形な資源，リレーションシップ，価値の共創といった焦点を重視することでG-D ロジックの上位概念として位置付けられるとされている。もっとも，S-D ロジックはあくまでも理論ではなく，マーケティングの理論の基本的前提となる土台の変化やマインドセットあるいはレンズを提供することが目的とされているため，ここではサービスを起点としたマーケティング的思考のフレームワークとして捉えておこう。

【課題レポート】

① マーケティングの定義が改定される中で，マーケティングの対象範囲はどのように拡大しているのか，論じなさい。

【復 習 問 題】

① マーケティング・コンセプトそれぞれの特徴と具体例について説明しなさい。

② 文脈価値が重視される製品やサービスの具体例について考え説明しなさい。

<注>

1) 市場の諸問題については，Shaw〔1915〕（訳書）を参照のこと。
2) 白髭〔1978〕，pp.60–64 参照。
3) これらの視点については，木綿〔1999〕pp.4–6 に依拠する。
4) 白髭〔1977〕pp.56–71 参照。
5) 江尻〔1991〕pp.5–7 参照。
6) マーケティング・コンセプトは，「企業の持つマーケティング上の諸能力をいかにして整えるかという考え方」である。トップマネジメントの姿勢そのものを示すマーケティング理念（philosophy）の実行はマーケティング･コンセプトを通じて具体化する。片岡監訳〔1974〕pp.25–26 参照。
7) ここでは，Kotler and Armstrong〔1997〕（訳書 pp.20–28）に依拠する。
8) 1935 年，48 年，60 年，85 年の定義については薄井〔2003〕pp.2–15 に依拠する。また，各定義の英語表記と 2004 年，2007 年，2013 年のマーケティング定義の解釈については上沼〔2014〕pp.63–84 を参考としている。
9) これらを総称してソーシャル・マーケティングと呼ぶこともある。
10) 日本マーケティング協会 HP 内『マーケティング協会の概要』参照《https://www.jma2-jp.org/jma.aboutjma/jmaorganization》（最終閲覧日：2024 年 2 月 20 日）。
11) 南・西岡〔2014〕はしがき pp.i–v 参照。
12) この考え方は *Journal of Marketing* 誌に掲載された Vargo and Lusch〔2004〕の論文以降，その議論は展開されている。
13) ここは田口〔2017〕pp.3–5 に依拠する。

14）田口〔2017〕pp.5-40に依拠する。
15）田口〔2017〕p.23参照。

<参考文献>

Bartels, R.〔1988〕*The History of Marketing Thought*, 3rd ed., Publishing Horizons.（山中豊国訳〔1993〕『マーケティング学説の発展』ミネルヴァ書房。）

Kotler, P. and G. Armstrong〔1997〕*Marketing : An Introduction*, 4th ed., Pearson Education.（恩藏直人監修，月谷真紀訳〔2014〕『コトラーのマーケティング入門（第4版）』丸善出版。）

Lazer, W.〔1971〕*Marketing Management : A Systems Perspective*.（片岡一郎監訳，村田昭治・嶋口充輝訳〔1974〕『現代のマーケティング1―マーケティング・システム究明―』丸善。）

Ramaswamy, V. and F. Gouillart〔2010〕*The Power of Co-Creation*, Free Press.（尾崎正弘・田畑萬監修，山田美明訳〔2011〕『生き残る企業のコ・クリエーション戦略―ビジネスを成長させる「共同創造」とは何か―』徳間書店。）

Shaw, A. W.〔1915〕*Some Problems in Market Distribution*, Harvard University Press.（丹下博文訳〔1992〕『市場流通に関する諸問題』白桃書房。）

Vargo, S. L. and Lusch, R. F.〔2004〕"Evolving to a New Dominant Logic for Marketing," *Journal of Marketing*, 68(1), pp.1-17.

薄井和夫〔2003〕『はじめて学ぶマーケティング［応用編］マーケティングと現代社会』大月書店。

江尻　弘〔1991〕『マーケティング思想論』中央経済社。

上沼克德〔2014〕「マーケティング定義の変遷が意味するところ」『商経論叢（神奈川大学）』49（2-3）。

木綿良行〔1999〕「マーケティング研究における2つの視点」木綿良行・懸田豊・三村優美子『テキストブック　現代マーケティング論［新版］』有斐閣。

近藤文男〔1988〕『成立期マーケティングの研究』中央経済社。

白髭　武〔1977〕『現代マーケティング論』日本評論社。

白髭　武〔1978〕『アメリカマーケティング発達史』実教出版。

田口尚史〔2017〕『サービス・ドミナント・ロジックの進展―価値共創プロセスと市場形成―』同文舘出版。

南知惠子・西岡健一〔2014〕『サービス・イノベーション―価値共創と新技術導入―』有斐閣。

第2章

マーケティング・マネジメントの枠組み

本章のねらい

マーケティングの課題は顧客価値と顧客満足を作り出し，自社製品やサービスに顧客を引き付け，顧客との良好な関係性を構築することである。そのために，企業内にある様々な経営資源を利用しながら，効果的なマーケティング・ツールを組み合わせて実行しなければならない。しかし，企業が提供しうるあらゆるマーケティング・ツールがそのまま利用可能というわけではない。企業は常に激しく変化する市場環境にさらされており，こうした変化に柔軟に対応しながらマーケティング活動を行わなければならない。したがって，マーケティング・マネジメントは企業の内部と外部の多様な要因を認識し，とりうるべき限られた選択肢の中から自社にとって最大のメリットが得られる最適なマーケティングを管理する活動である。

自社にとっての新たな市場を見つけ出し，その標的とする市場に向けて自社製品やサービスの位置取りをしていく。そして効果的なマーケティング・ミックスによって顧客へと接近していくことになるが，これらはすべて計画的なマーケティング・プロセスを通じて行われる。本章では，マーケティング・マネジメントの考え方と，そのプロセスを中心に考察していく。

キーワード

マーケティング・マネジメント，マーケティング・ツール，STP 戦略，企業の外部環境，4P，4C，マーケティング・ミックス，内的一貫性，外的一貫性

1．マーケティング・マネジメントの考え方

(1) マーケティング・マネジメントの理解

第1章でも示したとおり，マーケティングとは「顧客，依頼人，パートナー，社会全体にとって価値のある提供物を創造・伝達・配達・交換するための活動であり，一連の制度，そしてプロセスである」［アメリカマーケティング協会(AMA) 2007年］と定義される。つまり，マーケティングは広く社会や人々に対して価値ある製品やサービスを多様な手段によって提供する諸活動であり，それらが体系的に行われることを表している。しかし，マーケティングの定義を文字通りに理解しようとすれば，それはあまりにも静態的で，変化の激しい市場において事業活動を行う現実世界の企業にとっては机上の空論のような世界観にさえ感じられる。実際，企業は絶えず変化する市場の中に身を置き，時代の潮流の中で時に翻弄されながら，それでもなお激しい変化に柔軟に適応することによって持続的な成長機会を得ようと日々経営努力をしているのである。

さて，マーケティングは，これを実行する売り手の企業とその買い手である企業または最終消費者との2者間の関係の中で展開されるだけでなく，双方を取り囲むすべての市場環境が多大な影響を与えることになる。

マーケティングは，多様なマーケティング・ツールを駆使して市場を管理・操作しようとする諸活動であるが，その実行プロセスにおいて市場環境という企業によって統制不可能な要因がマーケティングの制約条件となる。そこで企業は自社を取り巻く複雑化・多様化する市場環境要因をあらかじめ認識し，これに適応するマーケティングを展開すべく，統制可能・不可能な諸要因を統合的に管理することが必要とされ，そうした状況に適切に対応するマーケティング・マネジメントを展開しなければならない。

(2)　マーケティング・マネジメントの概念

先にも述べたように，マーケティング・マネジメントは単に企業内部におけるマーケティング・ツールを駆使すればいいというものではなく，市場を取り巻く複雑な環境を考慮しなければならない。市場環境は絶えず変化しており，変化のスピードはますます加速するとともに不透明なものになりつつある。しかし，企業はこうした統制不可能な諸環境に適応しながら市場の脅威や市場機会を見出さなければならない。ここではマーケティング・マネジメントに関する先駆的研究者であるハワードとマッカーシーのマーケティング・マネジメントの捉え方について概観していく（**図表 2-1**）。

J. A. ハワードは1957年に『マーケティング・マネジメント―分析と意思決定』の中で，企業を取り巻く統制不可能な環境要因に次の5つの要因を挙げている。それは，需要，競争，流通機構，非マーケティング・コスト，マーケティング関係法規である。このような統制不可能な要因に対してマーケティング担当者は，製品，価格，広告，人的販売，マーケティング・チャネル，および立地条件などのマーケティングの諸方策を繰り出すことによって統制不可能な市場に創造的に適応しようと考えたのである。こうした捉え方がマーケティングにおけるマネジリアル・アプローチの基本的なフレームワークを提示している。

E. J. マッカーシーは，ハワードの提示したマーケティング・マネジメント論を基礎としながら1960年に『ベイシック・マーケティング―経営者的アプローチ』を著し，統制不可能な要因を顧客，文化・社会的環境，政治・法律的環境，経済・技術的環境，競争的環境，企業の資源と目的として捉えている。これらの統制不可能な要因に制約されながら，企業のマーケティング担当者は，後述する製品（product），価格（price），販売促進（promotion），場所（place）の4つのPを効率的に組み合わせたマーケティング・ミックスを展開することによって標的対象となる顧客を取り囲んでいくマーケティング・マネジメントを展開することを示唆している。

マッカーシーのマーケティング・マネジメントの捉え方で特徴的なことは，ハワードにはなかったマーケティングの中心に顧客を据えたことである。この

図表 2-1　ハワードとマッカーシーのマーケティング・マネジメント

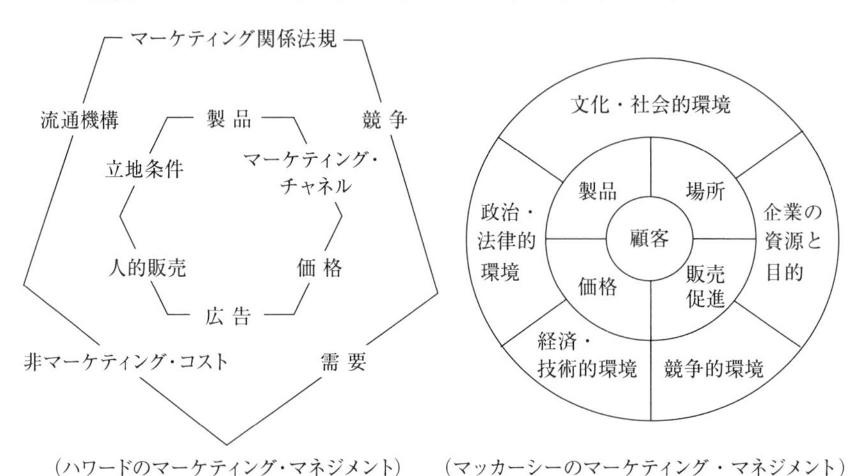

（ハワードのマーケティング・マネジメント）　（マッカーシーのマーケティング・マネジメント）

出所：木綿ほか〔1989〕pp.16-17 より。

ことは，現代のマーケティングの中心的課題にも通じる「顧客志向性」を明確に表現している。つまり，顧客は統制不可能な要因の１つではあるけれども，効果的なマーケティング・ミックスによってある程度の統制が可能な要因ともなりうるということを表している。まさに特定の製品やサービスに対する熱狂的なファンやリピーターの存在は企業の行う効果的なマーケティングの結果として生まれるのである。

2.　マーケティング・マネジメントの基本的枠組みとプロセス

(1)　マーケティング目標の設定

まず，最初にやるべきことは，マーケティングを実施するにあたってどのような目標を設定するかである。マーケティング目標を設定する場合には，収益性の拡大，販売数量の拡大などの抽象的な目標の設定ではなく，極めて具体的な数値目標を立てなければならない。例えば，売上高何億円を達成するとか市場シェア何％を達成する，利益率何％を達成する20代男性のブランド認知率を50％にするなどである。

収益性の拡大を達成するためには売上高の拡大や利益率の拡大などというかたちでより目標を明確化させ，営業部門では目標値の売上を達成するためにどのような営業活動を実施すべきかを考慮し，製造部門では製造コストの削減を目指して原材料や製造工程の見直しなどが行われる。

また，販売数量の拡大についても具体的な数値目標があれば目標値を達成するために流通チャネルの見直しや問屋との取引交渉，プロモーション方法の検討など各部門で連動しながら組織的に計画や対応をすることができるのである。目標に対して各部門が実行可能なレベルまで落とし込んで考えることができるような目標であることが業務を遂行する上で重要である。

(2)　STP戦略

具体的なマーケティング目標が設定された後，マーケティング計画の次の段階としてSTP戦略が行われる。STP戦略とはセグメンテーション(Segmentation)，ターゲッティング（Targeting)，ポジショニング（Positioning)の頭文字をとったマーケティング戦略の初めの一歩ともいうべき考え方である。市場は無数のニーズが混在した集合体であり，例えば，国や地域や世代間などにより他とは全く違った異質的特性を有している。通常，企業はこうした異質な市場のすべてを標的にすることは極めて困難である。そこで企業は様々な基準によって，市場全体を同質的な市場にグループ分けするマーケット・セグメンテーション（市場細分化）を行う。細分化された市場を市場セグメントといい，その特性や規模，自社製品が広まる可能性などを考慮した上で標的とする1つまたは複数の市場セグメントを決定し，選択した市場セグメントの中でどのような位置づけで製品やサービスを展開していくかを決定しなければならない。

①　市場細分化（Segmentation）

市場は多様な消費者やニーズから成り立っており，マーケティング担当者は企業目標を達成するために必要な市場機会をどの市場の消費者がもたらしてくれるのかを適切に判断しなければならない。市場細分化の基準には，地理的要因（国，地域，都市，人口密度，気候等），人口動態的要因（年齢，性別，家族数，収入，職業，学歴，宗教，人種，国籍等），心理的要因（社会階層，ライフスタイル，パーソナリティ等），行動的要因（使用機会，使用者のタイプ，使用頻度，ロイヤルティ，製品に対する態度等）がある。これらの基準により消費者を分類し，細分化された市場の特性を明らかにしなければならない。

②　標的市場の設定（Targeting）

市場細分化によって市場の特性を把握してはじめて企業は参入すべき特定の市場セグメントを標的とすることができる。自社の企業規模や事業規模，取り扱う製品やサービスの特性などにより，どの市場セグメントを標的とするかは大きく変わってくる。例えば，大企業であればすべての市場セグメントの要求に対応する製品ラインを提供することも可能であろうし，規模の小さな企業であれば特定の市場セグメントに照準を合わせた対応が好ましいだろう。

③　市場ポジショニング（positioning）

市場ポジショニングとは，競合他社の戦略を検討した上で，自社製品やサービス，あるいは自社ブランドの優位性を発揮するために市場の中でどのような位置取りをするかを決定することである。一般的には自社製品や競合他社の製品特性を比較・分析し，さらに消費者の動向や嗜好などを踏まえて，直接競合しないポジショニングを確保することが望ましい。

(3)　4Pと4C

第2章において，マーケティングの基本的な4つの要素としてマッカーシーの提唱した4P概念について概説した。すなわちProduct（製品），Price（価格），Place（流通），Promotion（プロモーション）の各マーケティング要素展開戦略である。各4Pが個別具体的にどのように戦略的に実行されるかについての詳述は後章に譲るが，4P概念の基本的な考え方は，いかなる製品を，いかなる価格で，いかなる流通チャネルを通じて，いかなる販売促進を実行しながら販売を実現させていくかを決定することである。

しかし，ここで重要なことは，4P概念は企業視点によるマーケティング要素の展開戦略であるという点にある。現代企業の中心的課題である「顧客志向」「ニーズ志向」「顧客中心主義」などで表現される市場志向の考え方のベースとなっているのは，いわゆるプロダクト・アウト（作ったモノを売る）の発想では高度化する市場ニーズに必ずしも適合できず，マーケット・イン（売れるモノを作る）の発想への転換が重要視されるようになってきたことが背景にある。すなわち，マーケティングの展開において顧客のニーズを重視することこそが，企業の市場地位を確保するものとしてマーケティング戦略上重要課題となっているのである。

したがって，現代企業のマーケティングを考える際，4P概念の重要性は失われてはいないものの，4P概念の各要素に相応する顧客視点の考え方を取り入れなければ不十分だとする考え方である。

こうした考え方に基づいて，1993年にR. F. ラウターボーンによって提唱されたのが4C概念である。4C概念とは，Customer value，Customer cost，Convenience，Communicationで構成され，いかなる製品を提供するのかというProductにはCustomer Valueが対応し，提供する製品はその顧客が抱えるニーズやウォンツの解決手段でなければならない，すなわち顧客の求める価値を実現しなければならないとするものである。

次に，いかなる価格で提供するかというPriceにはCustomer Costが対応し，提供される価格は顧客の負担する購入コストや時間コストであり，こうしたコ

図表 2-2　4P と 4C の対応関係

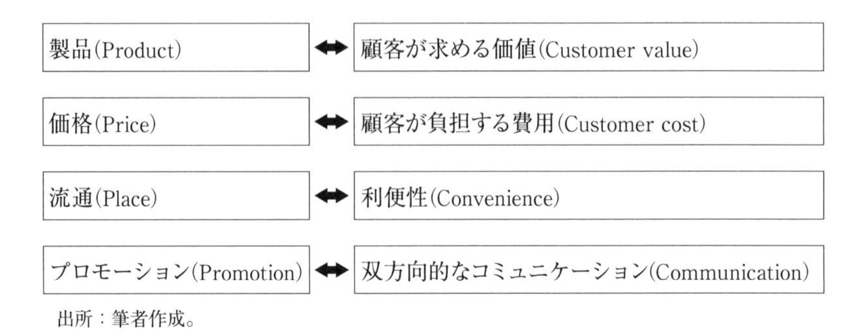

出所：筆者作成。

ストに配慮して決定されなければならないとするものである。

さらに，いかなる場所を通じて販売されるかという Place には Convenience が対応し，顧客が求める製品を顧客が可能な限り早く，また手間ひまかけずに入手できる方法を提供する利便性に配慮しなければならないとするものである。

最後に，いかなる方法によって販売促進を実行するかという Promotion には Communication が対応し，企業側からの製品情報が魅力的で，かつ見つけやすくなっているか，顧客側の声が企業に届けられるかどうかの双方向的なコミュニケーションが実現されているかというものである。

企業のマーケティング戦略策定において，企業視点の 4P と顧客視点の 4C に乖離が生じている場合には，その点こそが改善すべきポイントとなるのである（**図表 2-2**）。

(4)　マーケティング・ミックス

ここまで見てきたように，企業がマーケティングを実行する際，個々の 4P を顧客視点の 4C と適切に結びつけることで最適な 4P をつくり出すことが重要であることがわかった。しかし，ここで注意しなければならないことは，4P の各要素を顧客の動向に適切に対応させることはもちろん重要であるが，より重要なことは，4P の各要素が個々に適切なのではなく，全体として適切でなければならない，という点にある。

マーケティングとは顧客視点に立ち，良い製品を作ることがすべてではなく，また価格が安ければいいわけでもない。また多様な流通チャネルが用意されていればいいというわけでも，注目されるメディア媒体を通じて広告すればと良いというものでもない。これら複数の手法を統合的に展開することにより効果的・効率的なマーケティングを展開する点こそが重要である。すなわち，Product（製品），Price（価格），Place（流通），Promotion（プロモーション）が顧客視点の立場から相互に結びつき全体として適切でなければならないのである。4P の最適な組み合わせことを，マーケティング・ミックスという。マーケティング・ミックスの展開においては次のことに注意しなければならない。

(5)　マーケティング・ミックスの内的一貫性

マーケティング・マネジメントにおいて重要なことは，組織的なマーケティング活動を円滑に推進していくための仕組みをつくり，管理・運営することにある。つまり，マーケティングの基本的な枠組みである 4P を統合的に展開することが求められる。

統合とは単なる寄せ集めではなく，要素間が相互に整合性の取れた状態をいい，Product（製品），Price（価格），Place（流通），Promotion（プロモーション）の 4P における諸要素間の整合性が取れた状態のことをマーケティング・ミックスの内的一貫性という。

例えば，以下のような場合においてどのような組み合わせが内的一貫性を保つことができるだろうか。

▶ Product（製品）

選択肢 1：すでに市場において一定の支持を得ているカテゴリーへ製品を投入する。

選択肢 2：まだ市場にはない新たなカテゴリーに製品を投入する。

▶ Price（価格）

選択肢 1：低価格帯で参入する。

選択肢2：高価格帯で参入する。

▶ Place（流通）

選択肢1：コンビニエンスストアやスーパーを中心とする全国チェーンで販売する。

選択肢2：百貨店や専門店などで販売する。

選択肢3：インターネットを通じて販売する。

▶ Promotion（プロモーション）

選択肢1：テレビや雑誌などのマス媒体を用いてプロモーションする。

選択肢2：SNSやTwitterなどのインターネットを通じてプロモーションする。

選択肢3：店頭での販売員の推奨によりプロモーションする。

上記のように，限られた選択肢の中でも取りうるマーケティング・ミックスの例は複数挙げることができようが，通常，現実の企業が直面するマーケティング・ミックスの内的一貫性の問題はさらに複雑かつ多岐にわたる選択肢の集合の中から決断を迫られることになる。したがって，どのような製品をどのように販売するかを策定するマーケティング・ミックスの内的一貫性を保つためには様々な要素を加味した想定をしなければならないことになる。

(6) マーケティング・ミックスの外的一貫性

マーケティング・ミックスにおける整合性を考慮する場合，内的一貫性を備えていることと同時に，マーケティング・ミックスの諸要素がそれらを取り巻く企業の外部環境との整合性が保たれていることも重要である。このことをマーケティング・ミックスの外的一貫性という。

マーケティング・ミックスの内的一貫性を保つ選択肢は多様であるが，どれを採用するべきかは，外的一貫性を検討することでより明確化される。そのときの判断材料になるのが「消費」「競争」「取引」「組織」の4つの局面である。

まず「消費」の局面については，4Pと4Cとの対応関係について見てきたように，昨今の市場環境の変化は激しく顧客の興味，関心，嗜好の変化は極めて早い。顧客にとっての魅力的なマーケティング・ミックスであることは顧客の動向を注視しながら，常にニーズを満たす必要があろう。また，「競争」の局面においては，競合他社との関係において，採用するマーケティング・ミックスが同質的とならないよう差別化を図ることにより優位性を保つ必要があろう。

これら2つの局面は相互に関連しており，顧客を満足させる優れた製品を開発したとしても，競合他社が同質的な製品を安価に提供することができれば，収益の確保は難しいだろう。また，技術競争（例えば，軽量化，小型化，性能の持続力向上など）による他社製品との明確な差別化が実現できたとしても製品自体が顧客から必要とされなければ，消費には結びつかない。

さらに，「取引」の局面について見ていこう。マーケティング・ミックスの策定は自社内ですべて完結できるものではない。すなわち流通業者や広告代理店，金融機関等の様々な取引業者との関係の中で自社の経営が成り立っているため，より良い取引先を求めて取引相手を探すことには時間的・金銭的コストも生じる。また，それ以前に取引が成立したとしても，そもそも「組織」内に実行する能力を持ち合わせていない場合もありうる。すべてが取引により調達できるわけではないのである。つまり，自社の経営資源や組織能力を把握した上で選択したマーケティング・ミックスの実行可能性を検討する必要があろう。

(7)　マーケティング・ミックスの実行と点検

以上のようなプロセスを経て策定されたマーケティング・ミックスを実行に移す。実行された後も，継続的にマーケティング目標がどの程度達成されているか，また実行している間に外部環境に変化がないか，対応には問題が生じていないかなどを追跡的に注視しておくことが必要である。また，外部環境に変化が生じた場合には，変化に対する迅速な対応や修正作業を講じる必要がある。

マーケティング・マネジメントの意義は，顧客との長期的に良好な関係を維持し続けることが重要であるから，市場が変化している限り実行されたマーケティング・ミックスで完結ということはないのである。

【課題レポート】

① 市場でヒットした製品を1つ挙げ，その製品のマーケティング・ミックスがどのように組み立てられているか，4P概念を用いて検討しなさい。

【復習問題】

① 4Pと4Cの対応関係について説明しなさい。
② STP戦略について説明しなさい。
③ マーケティング・ミックスについて説明しなさい。

<参考文献>

石井淳蔵・栗木契・嶋口充輝・余田拓郎〔2013〕『ゼミナール　マーケティング入門（第2版）』日本経済新聞出版社。

小川孔輔〔2011〕『ブランド戦略の実際（第2版）』日本経済新聞出版社。

柏木重秋〔1997〕『マーケティング総論』同文舘出版。

木綿良行・懸田豊・三村優美子〔1989〕『テキストブック　現代マーケティング論（新版）』有斐閣ブックス。

橋本　勲〔1990〕『現代マーケティング論』新評論。

Howard, J. A.〔1957〕*Marketing Management: Analysis and Decision*, Richard Irwin, Inc.（田島義博訳〔1960〕『経営者のためのマーケティング・マネジメント―その分析と決定―』建帛社。）

Kotler, P. and K. L, Keller〔2006〕*Marketing Management*, 12th ed., Prentice Hall.（恩藏直人監修，月谷真紀訳〔2008〕『コトラー&ケラーのマーケティングマネジメント（第12版）』ピアソン・エデュケーション。）

Kotler, P. and G. Armstrong〔2001〕*Principle of Marketing*, 9th ed., Prentice Hall.（和田充夫監訳〔2003〕『マーケティング原理』ダイヤモンド社。）

Kotler, P. and G. Armstrong〔1997〕*Marketing: An Introduction*, 4th ed., Prentice Hall.（恩藏直人監修，月谷真紀訳〔1999〕『コトラーのマーケティング入門』ピアソンエデュケーション。）

McCarthy, E. J.〔1964〕*Basic Marketing: A Managerial Approach*, Irwin.

Shultz, D. E., S. I. Tannenbaum and R. F. Lauterborn〔1993〕*The New Marketing Paradigm: Integrated Marketing Communications*, NTC Business Books.（有賀勝訳，電通IMCプロジェクトチーム監修〔1994〕『広告革命 米国に吹き荒れるIMC旋風―統合型マーケティング・コミュニケーションの理論―』電通。）

第3章

現代のマーケティング環境

本章のねらい

本章では政府による統計データを用いて，現代の消費者を中心としたマーケティング環境の変化を明らかにすることを目的としている。具体的には，GDPや消費者が実際に支出した金額を尋ねる家計調査，消費を取り巻く様々な環境に対する将来の見通しを問う消費動向調査を概観することで，近年の消費者像を捉える。さらに，近年データを取り始めた消費者意識基本調査から消費者の実像を理解し，若者と高齢者を比較することで，両者の行動や意識にどのような差があるのか明らかにしたい。

キーワード

GDP，家計最終消費支出，家計調査，消費マインド，
消費者意識基本調査，リキッド消費

1. 統計データから見る消費

GDP（Gross Domestic Product：国内総生産）は，国の経済に関する指標であり，消費者とは無関係な指標に思われるかもしれない。しかしながら，**図表3-1**に見られるように，わが国のGDPの約55%は個人消費によって支えられており，個人消費の増加がわが国の経済成長を支えていると言っても過言ではない。

個人消費は，GDPにおいて「家計最終消費支出」[1)]と称される。この「家計最終消費支出」は，具体的にどのような内容となっているのであろうか。その概略を「家計調査」から紐解いてみよう。

家計調査は，総務省によって実施されている調査であり，世帯別の毎月の消費支出と品目別支出金額や増減率を知ることができる。時系列で詳細なデータが得られることから，財やサービスの品目別の支出動向を見るのには適したデータである。その一方で，調査対象が約9,000世帯[2)]に限定されていること

図表3-1　GDPの内訳（2022年）

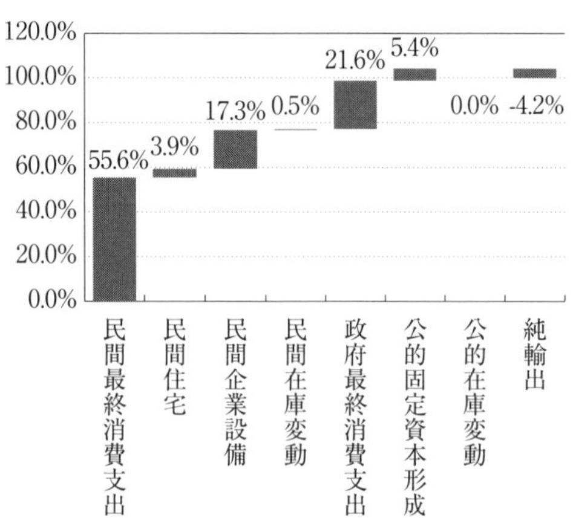

出所：内閣府ホームページ（2022年度名目GDP）。

から，データが全世帯の実態を正しく示したものではないとの批判もある。

図表3-2は，2019年以降の1世帯当りの消費支出（全体）の推移を示したものである。消費支出全体は，近年微減の傾向にあり2019年を100%とすると，現在95%前後で推移している。現在，わが国は物価高を背景に消費支出は微減であり，堅実志向が見てとれる。このような状況で，各支出項目がどのような傾向にあるのか見てみよう。

消費支出を財とサービスに分けて概説すると，2022年度は，財が59.9%，サービスが40.1%となっている。また，財とサービスの比率を時系列で見ると（**図表3-3**），経済のサービス化を背景に，1980年代から増加傾向を示し，2000年代に入ってからは財が約6割，サービスが4割前後で推移していることがわかる。財・サービスの区分は，詳細な消費支出を大まかに分類したものであるが，消費支出の内容に踏み込んで，消費行動のより詳細な吟味を続けていく。

図表3-4は消費支出を，食料，家賃，光熱費，保健医療サービス等の必需品的なものである基礎的支出と，教育費，教育娯楽用耐久財，月謝などの贅沢品的な選択的支出に分けて示したものである。先に示したように，消費支出は若干減少傾向にあるのだが，その減額は選択的支出を抑えることで対応していることがわかる。

「家計調査」から，「消費支出」が微減であり，それに伴って「基礎的消費」

図表3-2　1世帯当りの消費支出の推移

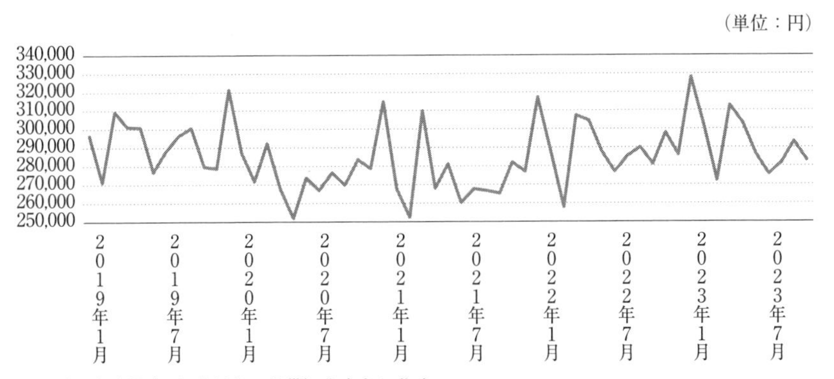

出所：家計調査（2人以上の世帯）をもとに作成。

図表 3-3　消費支出における財・サービスの割合

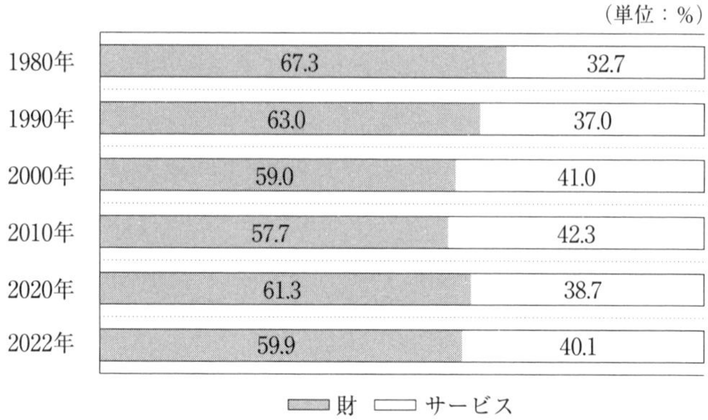

（単位：%）
1980年
67.3
32.7
1990年
63.0
37.0
2000年
59.0
41.0
2010年
57.7
42.3
2020年
61.3
38.7
2022年
59.9
40.1
財
サービス

出所：「家計調査」（2 人以上の世帯）をもとに作成。

図表 3-4　「基礎的支出・選択的支出」の推移

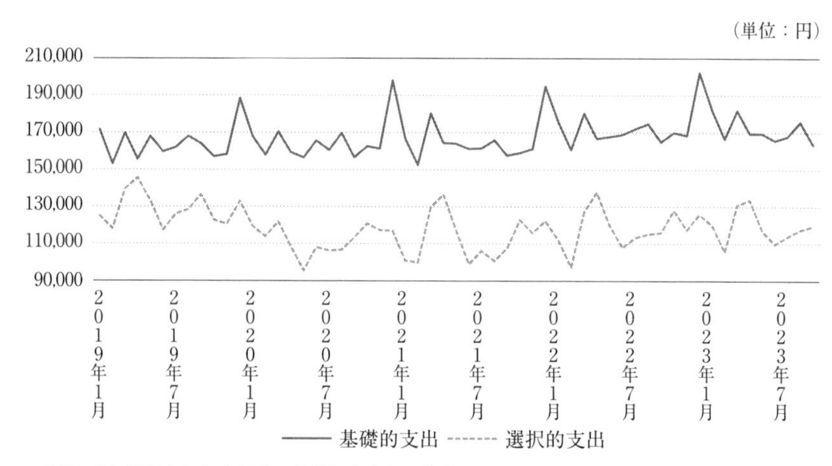

（単位：円）
210,000
190,000
170,000
150,000
130,000
110,000
90,000
2019年1月
2019年7月
2020年1月
2020年7月
2021年1月
2021年7月
2022年1月
2022年7月
2023年1月
2023年7月
基礎的支出
選択的支出

出所：「家計調査」（2 人以上の世帯）をもとに作成。

が重視される一方で「選択的支出」抑えられる傾向にあることがわかった。この結果が何を意味するのか考えてみたい。消費支出を増加させ，GDP における「家計最終消費支出」の割合を大きくしたいと考えるのであれば，「選択的支出」を中心に，支出を増加させる必要があると思われる。では，消費支出の中で顕著な変化が見られる項目とは何か検討してみよう。

消費支出の中で，減少傾向にあるカテゴリーの1つに「被服及び履物」がある（**図表 3-5**）。「被服及び履物」は2000年代前半には月額20,000円を超えていた月もあったが，年々減少傾向にあり，2023年9月現在6,417円と半減していることがわかる。「被服及び履物」の減額は，デフレとそれを背景に海外から進出したファストファッションが消費者の間で定着したことがその要因の1つと言えるだろう。

一方で，増額から減額に転じたカテゴリーが**図表 3-6**に示した通信費である。

図表 3-5　「被服及び履物」の推移

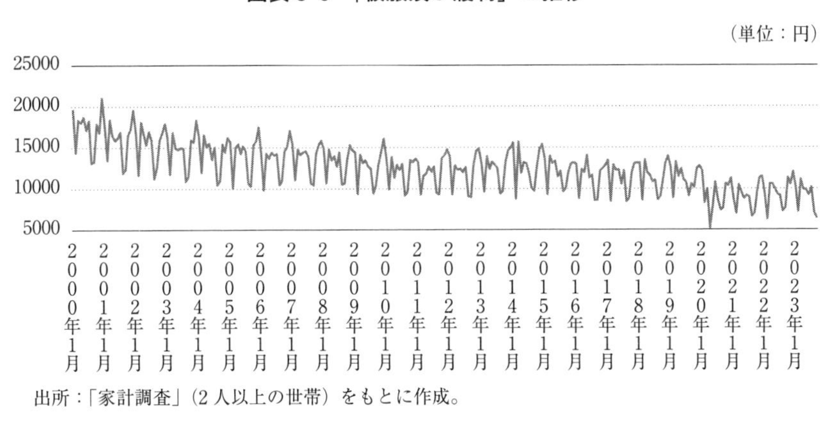

出所：「家計調査」（2人以上の世帯）をもとに作成。

図表 3-6　「通信費」の推移

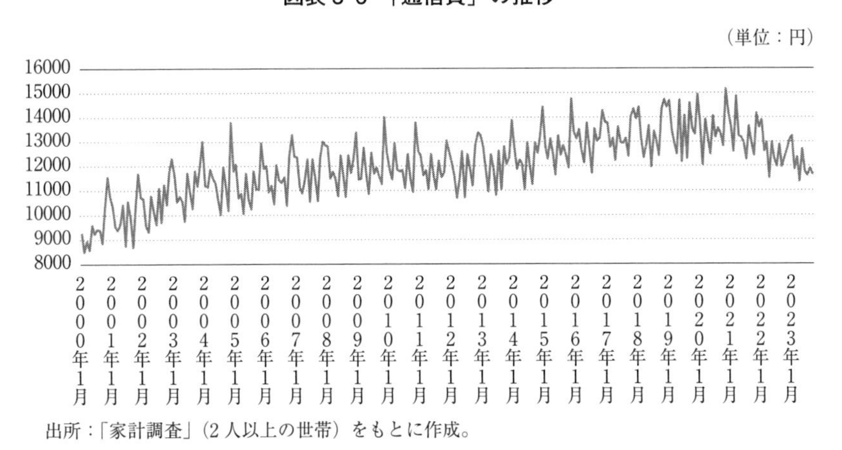

出所：「家計調査」（2人以上の世帯）をもとに作成。

通信費はスマートフォンの普及とともに，年々増額傾向にあり，2020年には15,000円を超えたが，2023年現在11,000円台で推移している。スマートフォンのように月額での利用料金が決まっているサービスは使用料を節約することが難しいとされてきたが，NTT docomo，au，Softbankの3大キャリアに加え，2014年ごろから本格参入が始まった「格安スマホ」と呼ばれるMVNOへの乗り換えや2020年の総務省の介入[3)]により，減額傾向にある。

家計調査は，一般家庭の支出を示したデータであるが，このような支出が何によって促進あるいは抑制されるのかに関しても，データを通じて知ることができる。次節では，消費を取り巻く環境に対して，消費者がどのように感じたかという「見通し」を示す消費マインドを取り上げる。

2. 消費マインドと消費

前節では，実際の支出金額やその集計によるデータを用いて消費の1つの側面を見てきた。本節では，視点を変え，消費者の消費態度や将来に対する見通しを尋ねた消費マインドと呼ばれるデータを用いて，消費行動を捉えることとする。

消費マインドの考え方は，アメリカの経済学者Katonaが実施した「消費者センチメント」や「消費者信頼感指数」の影響を強く受けている。Katonaは「市場の力（market force）—所得・価格・資産など—と心理的要因—動機・態度・過去経験・見通し—とがともに経済行動を決定する」[4)]としており，消費マインドが支出の先行指標となることを指摘している。

内閣府では，この消費マインドを調査する「消費動向調査」を2004年から毎月実施[5)]している。本調査における「消費者態度指数」は，消費者が自身の「暮らし向き」や「収入の増え方」，「雇用環境」，「耐久消費財の買い時判断」に対する「見通し」を指数化したものである。具体的には，「暮らし向き」，「雇用環境」，「耐久消費財の買い時」が今後半年間に今よりも良くなるか，「収入の増え方」が大きくなるかを，5点尺度（良くなる・やや良くなる・変わらない・やや悪くなる・悪くなる）[6] で尋ねるものである。実際の消費金額等を聞くのではなく，あくまでも半年後の見通しを尋ねるもので，これを「消費マインド」と呼称する。「消費者態度指数」において議論に用いられるのは，「2人暮らしの世帯」の「季節調整値」であり，この値における「50」は，「消費の見通し」の良し悪しの基準となっている。

「暮らし向き」や「雇用環境」が改善すると予想されると消費マインドは向上し，購買や消費に対する支出が増加する。一方で「暮らし向き」や「雇用環境」に不安を感じると消費マインドは低下し，購買や消費を抑制する傾向にある。近年，この指数は大きく上向きになることはないものの，40～50の間を推移し，安定した傾向にある。このような傾向から，耐久消費財の買い替えをはじめとする高額の購買は積極的には行われず，支出に対して慎重であることが読み取れる。

図表3-7 からわかるように，雇用環境に対する指数は大きく変動するものの，消費者態度指数の各項目はほぼ連動しており，各項目間の相関は高いと言えよ

図表3-7　消費者態度指数の推移

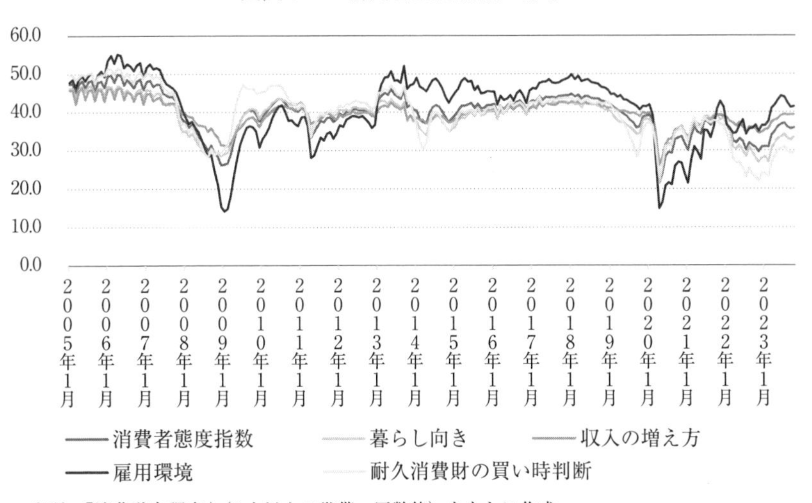

出所：「消費動向調査」（2人以上の世帯　原数値）をもとに作成。

う。

消費動向調査においては，上記の「消費者態度指数」に加え，「物価の見通し」に関する項目も調査対象となっている。

図表3-8のデータを概観すると，「物価の見通し」においては，「上昇する」と答えた消費者が8割を超えている。この指標が上昇すると，支出が「保守的」になるとされる。これまで，支出を中心としたデータや消費者を取り巻く環境に対する心理的要因について言及したが，これらのデータから消費者の支出は，周囲の環境に対する見通しに大きな影響を受けていること，消費行動は堅実かつ軟調であることが見て取れる。

図表3-8　「物価の見通し」の推移

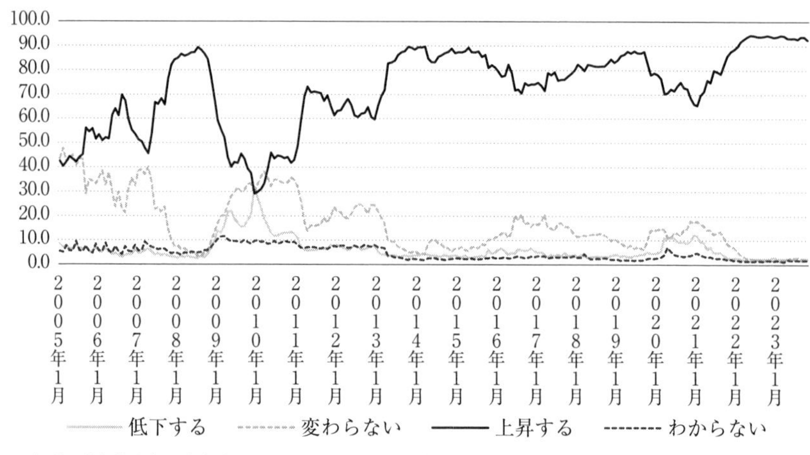

出所：「消費動向調査」（2人以上の世帯　原数値）をもとに作成。

ここでは詳細は述べないが，消費者庁実施の「消費者意識基本調査」における価値観に関する問いでは「ものは大切に使い続けたい」と答えた回答者がそれぞれ8割を超えるとの結果報告があった。このようなデータは，家計調査の「被服及び履物」をはじめとする各項目における支出の減少を支持した，堅実な消費行動の裏付けとなっていると言えよう。

3.　新しい消費行動とマーケティング環境

(1)　若者の消費行動の変化

近年，Z世代を中心とした若者の消費行動に注目が集まっている。Z世代とは，1990年代半ばから2010年代序盤生まれの世代を指し，その最大の特徴は，生まれた時からインターネットがあるデジタルネイティブであり，SNSを通じて他者と交流することが当たり前である世代とされている。本節では，統計データから確認できるZ世代と高齢者(65歳以上)との違いを示していきたい。

令和4年度「消費者意識基本調査」(**図表3-9**)によると，30歳以下のZ世代と65歳以上の行動や意識において違いが見られたのが，「旅行や舞台鑑賞，コンサート等，体験にお金を使う」(体験重視)，「費やした時間に対する成果を重視する」(タイムパフォーマンス)，「費用対効果（コストパフォーマンス）を重視する」の3点であった。これらの3点はいずれもZ世代が高齢者を大きく上回っており，現代の若者の消費行動の特徴であると言えよう。

図表3-9　Z世代・高齢者の意識と行動

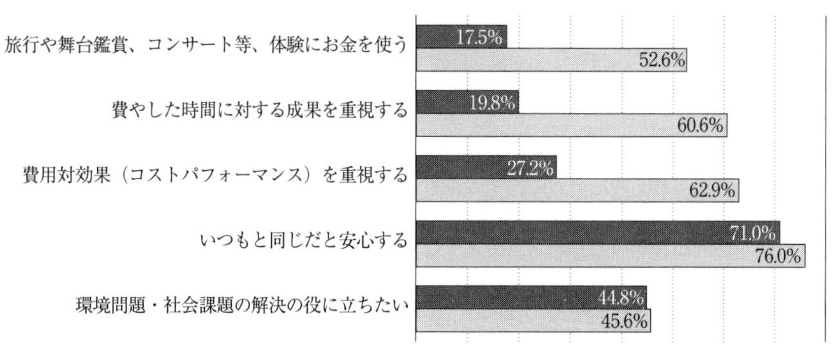

出所：「消費者意識基本調査」(令和4年度）をもとに作成。

高齢者は，これまで「購買」と「所有」を重視する消費行動を行っていた。例えば，高齢者は音楽を聴くためにレコードやCDを「購買」し，好きなアーティストのレコードやCDを収集，つまり「所有」していた。一方で，Z世代は基本的にApple MusicやSpotify等のサブスクリプション・サービスを通じて音楽を聴くようになった。音楽の消費に限らず，カーシェアやAirbnbに代表される空間のシェア等，Z世代は様々なものを「所有しない」ことを選択するようになった。このような消費傾向は，「リキッド消費」と呼ばれ，Bardhi and Eckhardt（2017）および久保田（2020）によると，「短命性」，「アクセス・ベース」，「脱物質」の3つの特徴があるとされる。第一に挙げられた価値の「短命性」とは，特定の文脈で一時的にしか価値が見出されないことを示している。第二に，レンタル，リース，シェアなどに代表される「アクセス・ベース」の傾向が強いことである。第三に，無形財や消費者自身が経験を重視することになったことが背景にあるとされる「脱物質」が挙げられる。これらの特徴は，先に示したZ世代の意識や行動における体験重視，タイムパフォーマンス，コストパフォーマンス重視の結果とも関連性があると言える。

（2） 環境・社会に対する消費者意識

先に示した「消費者意識基本調査」において，消費者意識の大きな変化として捉えられるのが，消費者と環境・社会との関係である。3R（Reuse, Reduce, Recycle）という言葉が浸透しているように，環境問題は，消費者・企業・社会にその意識が根づいていると言えよう。また，気候変動による異常気象の頻発や地震が立て続けに起こったことで，人々の生活に対する意識も変化しつつある。このような消費者の意識の変化の一端を捉えているのが，消費者庁が実施する「消費者意識基本調査」である。この調査の中には「あなたの価値観について，以下の項目がどの程度当てはまると思いますか」という質問項目がある。本質問の小項目として，「環境問題・社会課題の解決の役に立ちたい」が挙げられている。この質問項目は，商品選択において，商品やサービスの機能とは関係がなく消費者の意識に依存した質問項目である。環境問題は，これまでその中心とされてきたCO_2の削減のみならず，マイクロプラスチックによる海洋汚染，急激な気候変動などその対象は多岐にわたっている。同一の質問項目ではないが同調査や他の調査において，これまで環境問題に「関心が高い」とされてきたのは高齢者層であった。2018年頃までは，高齢者層を筆頭に若年層に向かってその関心が逓減するとされてきた。このように，若者は環境や社会に関心が低いとされてきたが，令和4年度の調査においては，Z世代を中心とした若者と65歳以上の高齢者ではその意識にあまり差がないことが示されている（**図表3-9**）。その背景には，2015年に国連サミットで採択された持続可能な開発目標（SDGs）への取り組みや若者に向けた消費者教育の充実等が挙げられると考えられるが，これまでの世代とは異なり，環境問題や社会が抱える課題を重視するZ世代に対し何を訴求すればいいのか，これからの企業は考えていく必要があるだろう。

【課題レポート】

① GDPと消費の関係について説明しなさい。
② 若者と高齢者の「意識や行動の違い」を統計データから示しなさい。

【復習問題】

① 被服および履物の支出がどのように変化してきたのか，アパレル産業の動向も踏まえて示しなさい。
② 消費支出の財・サービスの割合がどのように変化してきたのか，財やサービスの内容を踏まえて述べなさい。

<注>

1）家計最終消費支出は，①国内家計最終消費支出＋居住者家計の海外での直接購入＋③非居住者家計の国内での直接購入を合計したものである。
2）総務省統計局ホームページにおいて，サンプル数，サンプルの抽出方法について言及されている《https://www.stat.go.jp/data/kakei/qa-1.htm》を参照。
3）2020年10月総務省は，携帯電話の契約に関し「モバイル市場の公正な競争環境の整備に向けたアクション・プラン」を発表し，市場競争の活発化による携帯料金引き下げを目指した。その結果として，2022年5月には一般契約者の4分の1が大手キャリア各社やMVNOが提供する新料金プランによる契約となったことを発表している。

4) Katona〔1964〕(訳書 p.50).
5) 現在のように内閣府による各月実施となったのは2004年であるが，1957年の「消費需要予測調査」から調査内容や調査の実施時期等を変えつつ現在に至る。調査の沿革については，内閣府「消費動向調査の概要」《https://www.esri.cao.go.jp/jp/stat/shouhi/shouhi_gaiyou.html#a9》を参照。
6)「世帯収入の増え方」は「大きくなる・やや大きくなる・変わらない・やや小さくなる・小さくなる」の5点尺度で測定している。
7)「消費意識基本調査」(令和4年11月調査)。
8) ここでの「当てはまる」とは，「とても当てはまる」「ある程度当てはまる」の合計値を示している。

＜参考文献＞

飽戸弘編著〔1994〕『消費行動の社会心理学　シリーズ政治と経済の心理学』福村出版。

Bardhi, F. and G. M. Eckhardt〔2017〕"Liquid consumption," *Journal of Consumer Research*, 44 (3), pp.582-597.

Katona, G.〔1951〕*Psychological Analysis of Economic Behavior*, New York, McGraw-Hill.

――――〔1964〕*The Mass Consumption Society*, New York, McGraw-Hill. (南博監訳・社会行動研究所訳〔1966〕『大衆消費社会』ダイヤモンド社。)

久保田進彦 (2020)「消費環境の変化とリキッド消費の広がり―デジタル社会におけるブランド戦略にむけた基盤的検討―」『マーケティングジャーナル』39 (3), pp.52-66。

(参考資料)

GDP (内閣府ホームページ)《https://www.esri.cao.go.jp/jp/sna/data/data_list/sokuhou/files/2023/toukei_2023.html》(2023年11月25日閲覧)。

家計調査 (総務省統計局ホームページ)《https://www.stat.go.jp/data/kakei/index3.html》(2023年11月25日閲覧)。

「モバイル市場の公正な競争環境の整備に向けたアクション・プラン」の公表《https://www.soumu.go.jp/menu_news/s-news/01kiban03_02000673.html》(2023年11月25日閲覧)。

消費動向調査 (内閣府ホームページ)《https://www.esri.cao.go.jp/jp/stat/shouhi/menu_shouhi.html》(2023年11月25日閲覧)。

消費者意識基本調査 (消費者庁ホームページ)《https://www.caa.go.jp/policies/policy/consumer_research/research_report/survey_002/》(2023年11月25日閲覧)。

消費生活意識調査　(消費者庁ホームページ)《https://www.caa.go.jp/policies/policy/consumer_research/research_report/survey_003/》(2023年11月25日閲覧)。

第4章

消費者行動論の基礎

本章のねらい

消費者を理解することは，企業にとって必須である。個の消費者の集合体が市場であり，市場を理解することがSTPなど基本的なマーケティング戦略の立案につながるからである。本章では，「消費者」とは何か，「消費」とは何を指すのかといった基本的な概念から，消費者行動を紐解いていく。

消費者行動研究は，その研究の系譜を時系列で追うと大きく2つの流れがある。70年代頃から購買行動を中心とした消費者の認知的な側面に焦点を当てた研究が盛んになり，70年代後半に確立をみた「消費者情報処理モデル」は，現在も消費者行動研究の基本的なアプローチであると言える。80年代に入ると，購買意思決定のみならず「消費」までを含んだ感情的な側面が注目を浴びることとなる。本章では，この流れを踏まえつつ両者の代表的なアプローチを確認していく。

キーワード

購買意思決定，刺激反応型モデル，消費者情報処理モデル，
精緻化見込モデル，消費経験論，快楽消費，経験価値マーケティング，
価値共創

1. 消費者と消費行動

（1） 消費者とは

消費者行動を学ぶにあたって最初にすべきことは，消費者あるいは企業の顧客とは何を指すのか理解することである。そのために，ここでは流通チャネルから消費者を捉えることにする。

図表 4-1 において「消費をする人や組織」を消費者と捉えるならば，流通チャネル上に多くの消費者が存在することがわかる。例えば，製造業者にとって製品を販売する相手は卸売業者であるため，製造業者の主要な消費者は組織購買者としての卸売業者である。

図表 4-1 流通チャネルと消費者

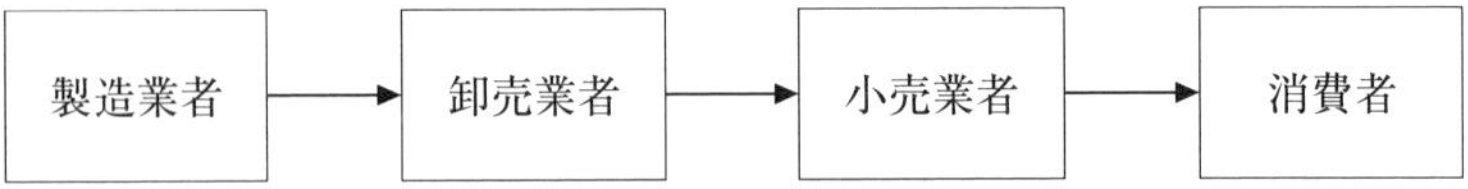

製造業者 → 卸売業者 → 小売業者 → 消費者

消費者行動論において「消費者」と定義づけられるのは，流通チャネル上に存在する各段階での消費者ではなく，流通チャネルの末端にいる最終消費者である。市場を最終消費者の集合体と考えると，企業にとって最終消費者の考えや行動を理解することは，製品を販売するための市場を理解することにつながる。このような点から，最終消費者の考えや行動を理解することが，消費者行動論の基本であると考えられている。

(2)　消費とは

次に，最終消費者が行う「消費」が具体的に何を示すのか，検討したい。

消費は，モノを購買・使用・廃棄する一連のプロセスだと捉えるのが一般的である。この一連のプロセスは，**図表4-2**に示される。

図表4-2　消費と購買

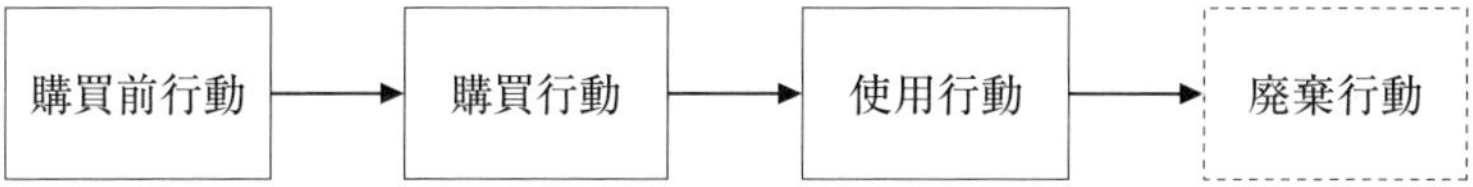

購買前行動 → 購買行動 → 使用行動 → 廃棄行動

消費は，上図のように，「購買前行動」，「購買行動」，「使用行動」，「廃棄行動」に分けられる。「購買前行動」は，消費者が抱える購買問題を認識する「問題認識」と，抱えている問題に対して，それを解決するような情報を探索・収集する「情報探索」とに分けられる。「購買行動」は，探索した情報に基づいて，製品を選択し購買する行動である。「使用行動」は，購買した製品を使用・保管する行動であり，使用した後に，製品を「評価」し，クチコミなどのフィードバックを行う場合もある。最後に，使用した商品を廃棄する「廃棄行動」をもって消費のプロセスは終了する。

消費は購買前行動から廃棄までを指すが，消費者行動研究は，「消費行動」の研究よりも「購買前行動」と「購買行動」を合わせた広義の「購買行動」に関する研究が多い。また，この購買行動に関する研究は，消費者行動の認知的な側面に焦点を当てたものだとされている。

一方，80年代頃から，購買意思決定のみならず「消費」全般を対象とした消費者行動の感情的側面にもスポットが当たるようになる。消費者の経験や合理的ではない消費を説明するために用いられたアプローチであり，「快楽消費」や「経験価値」と呼ばれるものである。

本章では，第2節では認知的な側面に，第3節では感情的な側面に焦点を当て，その全体像を概説する。

2. 認知的な側面を重視したアプローチ

(1) 刺激反応型モデル

① S-R モデル

刺激反応型モデルは，S-R モデルとも呼ばれ，外部から刺激を受けた消費者が反応（購買）するといった購買意思決定のプロセスを描写したモデルである。

図表 4-3 は，S-R モデルを図示したものである。ここで示されている刺激には，テレビ CM や新聞，雑誌などの広告やプロモーション，実際に店頭に並べられている製品，クチコミなどが該当する。これらの刺激を受け取った消費者が，その製品を購買するという反応を示す。

図表 4-3 S-R モデル

S（刺激） → ブラックボックス → R（反応）

S-R モデルは，スーパーマーケットやコンビニエンスストアで販売されている商品の購買や衝動買いを説明するには，適したモデルである。外部からの刺激を受け取るといった受動的な側面から見ても，刺激を受けてから購入するまでに時間をかける必要のない，低価格で低関与な製品を対象としている。

また，このモデルの特徴は，刺激と反応の間で起こる心理的なプロセスを，「ブラックボックス」として扱っている点にある。S-R モデル以後，ブラックボックスとして扱われた部分で何が起こっているのか，心理的なプロセスの解明を試みるモデルが開発されていくことになる。

②　S-O-R モデル

先に示したS-R モデルは，刺激と反応の間をブラックボックスとして扱っている。S-R モデル以降，このブラックボックスの中身となる心理的プロセスを明らかにするため様々なモデルの開発[1)]が試みられた。それらを総称して，S-O-R モデルと呼んでいる。

図表 4-4 はS-O-R モデルの基本形である。**図表 4-3** でブラックボックスとされた部分に，O（生体）を置いている。この基本形をベースにしているのが，次ページの**図表 4-5** で示すハワード＝シェスモデルである。

図表 4-4　S-O-R モデル基本形

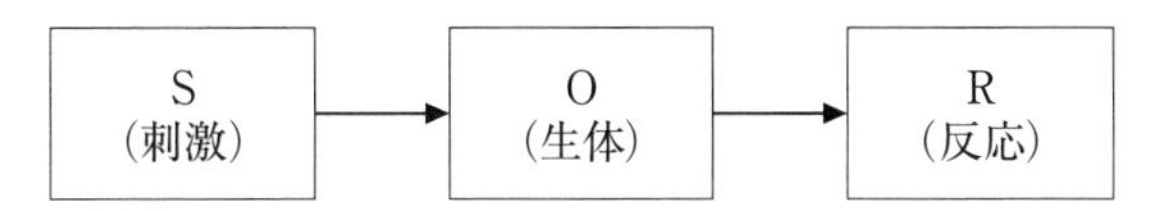

ハワード＝シェスモデルは，S として入力変数（インプット），O として知覚構成概念と学習構成概念, R として出力変数（アウトプット）を置いている。消費者が受けた刺激は，頭の中にある知覚構成概念に送られ，情報処理がなされる。そして，その情報は学習構成概念に送られ，選択基準や態度が形成される。最後に，形成された態度に基づき意思決定がなされ，購買に至る。

S-R モデルとの違いは，S にあたる入力変数に，準拠集団や社会階層の影響を含んでいること，R として購買と購買後の満足へのフィードバックまで考慮されている点である。

S-R モデルは，S-O-R モデルへと発展を遂げたが，前提となっている消費者は，受動的で自ら行動する消費者ではなかった。このような限界を克服すべく考えられたモデルが，消費者情報処理モデルである。

図表 4-5　ハワード＝シェスモデル

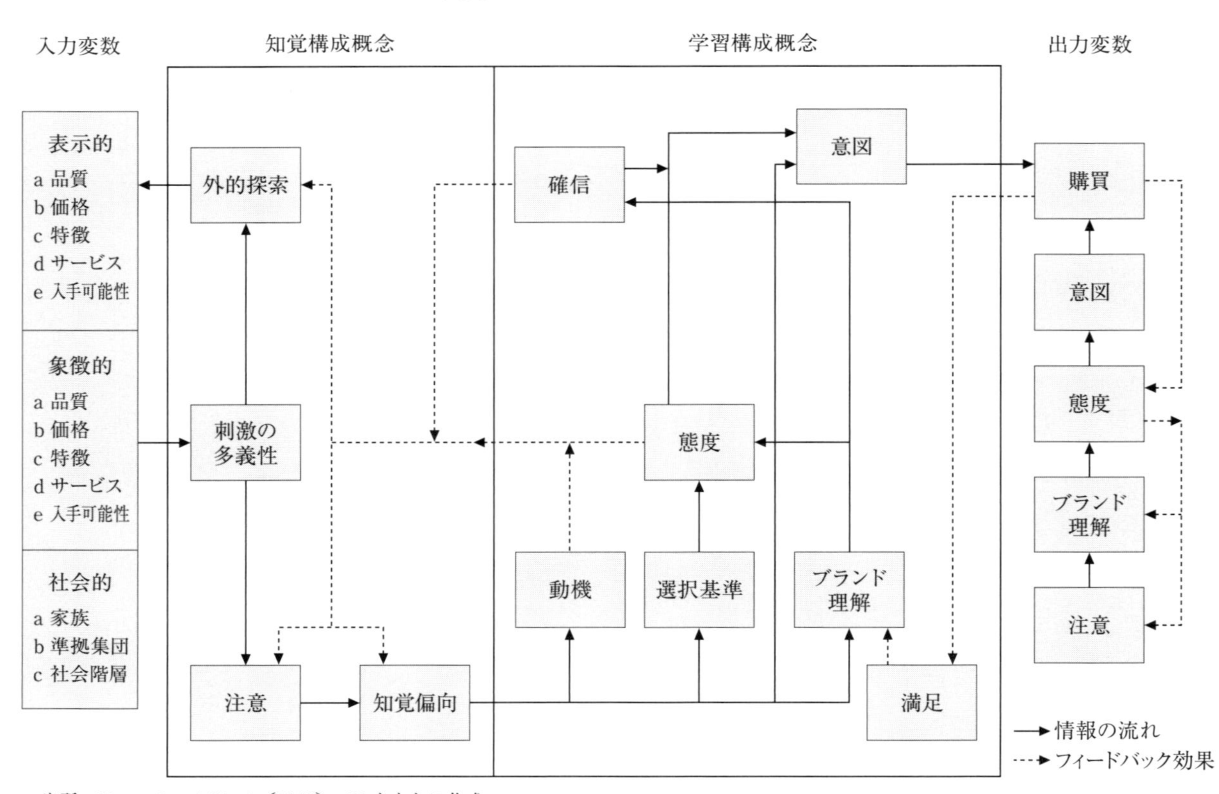

出所：Howard and Sheth〔1969〕p.30 をもとに作成。

(2) 消費者情報処理モデル

Bettman〔1979〕が提唱した消費者情報処理モデルの特徴は，消費者を「情報処理の機械」つまりはコンピュータになぞらえているところにある。先に示した刺激反応型モデルで想定されていた消費者像は，自ら情報を収集し処理する消費者ではなく，刺激を受けて行動するといった受動的な存在だった。実際の消費者は，刺激反応型モデルのように受動的な行動を取ることもあれば，自ら情報を収集し，必要な商品を店舗に探しに行くこともある。このような能動的な消費者を説明するモデルが，消費者情報処理モデルである（**図表 4-6**）。

このモデルにおける消費者は，購買に関する何らかの目標を持ち，その目標に応じた情報を過去の購買・消費経験と外部の双方から収集する。そして，収集した情報を過去の購買経験と照らし合わせ，意思決定を行う。このようなプロセスは，高価格・高関与な製品を対象としている。なぜなら，このような製品は，より多くの情報を収集・検討し，慎重な意思決定が求められるためである。また，このプロセス全体は，消費者の情報処理能力に依存する。

このモデルは，消費者個人の包括的な意思決定プロセスを説明した代表的な

図表 4-6　消費者情報処理モデル

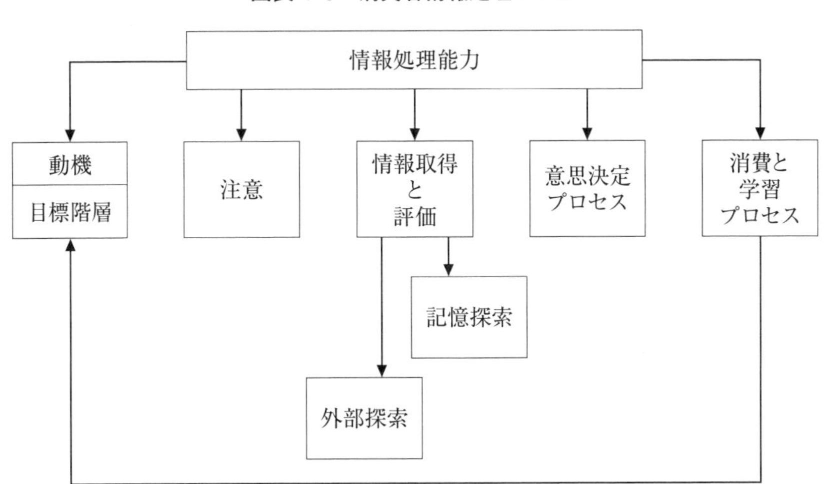

出所：清水〔1999〕p.82。

ものである。現在も，このモデルをベースに消費者行動研究は展開されている。消費者情報処理モデルに欠点があるとすれば，合理的な消費者像のみを想定していることである。消費者は，認知的・合理的な意思決定のみならず，情緒的・感情的な意思決定を行うこともある。次にこのような欠点の解消を試みたモデルを取り上げる。

（3） 精緻化見込モデル

精緻化見込モデルは，Petty and Cacioppo〔1986〕によって提唱されたモデルであり，認知的な意思決定をする消費者のみならず，感情的な意思決定を行う消費者をモデルに組み込んだという点で，より包括的なモデルであると言える。

図表 4-7 は，精緻化見込モデルの全体像を描いたものであり，ここでの実線は「中心的ルート」を，点線は「周辺的ルート」を示している。

ここで，ルートを分ける「精緻化の動機」と「精緻化の能力」について説明する。精緻化の動機は，消費者の動機付けの程度を示しており，「関与」を表している。精緻化の能力は，消費者の「知識」を表す。例えば，自動車の購入を考えたとき，自動車への関与が高く，収集した自動車の情報を理解することができれば，中心的ルートを通る。この場合，多くの情報を収集し，エンジン・

図表 4-7 精緻化見込モデル

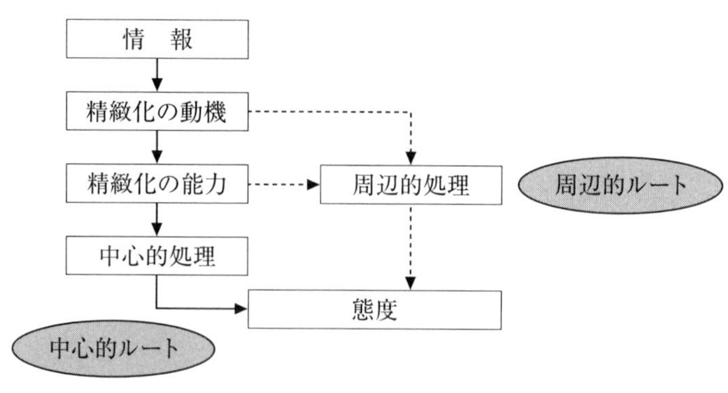

出所：Petty and Cacioppo〔1986〕p.4 をもとに作成。

排気量・燃費・価格など様々な要素を検討して態度を形成する。一方で，自動車への関与が低く，自動車に関する情報を収集してもその情報を理解することができない場合には，周辺的ルートを通る。この場合，多くの情報を収集せず，デザインやCMに出演しているタレントを手がかりに，自動車に対する態度を形成する。これまでの研究から，中心的ルートをもとに形成された態度は変容しにくく，周辺的ルートをもとに形成された態度は容易に変容するとされている。

現実の消費者は，中心的ルートあるいは周辺的ルートのどちらかを通るというよりも，双方を併用することがわかっている。精緻化の動機と能力の欠如によって，感情的なルートを選択するというのは偏った見解かもしれないが，1つのモデルの中に認知的・感情的な態度形成を併存させた点や，関与と知識によって態度が形成されることを示した点は，高く評価されている。

消費者情報処理モデルに代表される認知的な側面を重視したアプローチ[2)]では，製品を属性の束と捉え，属性の総体として製品を評価している。一方で，このような捉え方では評価できない製品やサービスが存在する。また，これまでに示したような合理的な選択行動では説明できない製品やサービスも存在する。次節では，そのような製品・サービスを感情的な側面を重視したアプローチとして捉える。

3. 感情的な側面を重視したアプローチ

(1) 感情的な側面を重視した消費者行動研究の系譜

感情的な側面を重視した消費者行動研究は，80年代頃から発展した。その端緒は，Holbrook と Hirschman が発表した2本の論文[3)]であり，「消費経験論」と呼ばれている。本節では，「消費経験論」から発展した「快楽消費研究」と，消費者行動論ではないが感情的なマーケティングが重視されている実例としてSchmitt〔1999〕によって展開された「経験価値マーケティング」，とその後の消費者行動研究について述べる。

(2) 消費経験論

第2節で挙げた認知的な側面を重視したアプローチは，主として購買意思決定に焦点を当てており，購買後の消費には言及しないものが多い。このようなアプローチでは，生産と消費の同時性を持つサービスや芸術鑑賞を説明することはできない。Holbrook と Hirschman は，消費者情報処理モデルを拡張する形で，これらのサービスや芸術鑑賞に関する説明を試みた。これを消費経験論と呼んでいる。

消費経験論は，次の4領域に適用可能であると主張されている。第一に，「心的構成概念」が挙げられる。消費者情報処理モデルにおいて製品は属性の束であるとされてきたが，心的構成概念は製品の使用による経験から得られた精神的な作用[4]を示している。第二に，「製品クラス」が挙げられる。これは，対象とする製品を示しており，消費者情報処理アプローチが対象とした一般の消費財ではなく，オペラ，芸術鑑賞，絵画，映画，ロック・コンサートを対象とする。第三に，「製品の使用」が挙げられる。先に示した認知的なアプローチが購買意思決定を研究対象としていたのに対し，消費経験論は「製品の使用」を研究対象としている。第四に,「個人差」が挙げられる。消費者行動研究では，個人差を前提としているものの，同じような個人をクラスター分析によってひとまとめにするなど，個人差に着目した研究は多いとは言えない。消費経験論ではこれまであまり研究の中心となることはなかった「個人差」に着目し，製品に対する感情的な反応の差は，サブカルチャーの違いに基づくとしている。

消費経験論は，従来の認知的なアプローチが対象としていなかった芸術鑑賞等を対象とし，そこで生じた感情を伴う経験を説明しようと試みたのである。

(3) 消費経験論と快楽消費研究

堀内〔2001〕は，消費経験論と快楽消費研究を図表4-8のように位置づけて

図表4-8　消費経験論の流れにおける快楽消費研究の位置づけ

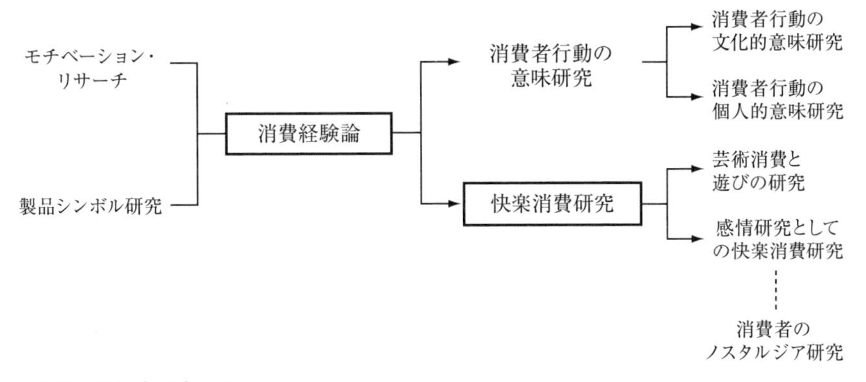

出所：堀内〔2001〕p.21。

いる。

前項で挙げた消費経験論は，モチベーション・リサーチと製品シンボル研究を基盤としている。消費経験論は，「使用」(usage) を対象としており，**図表4-2**で示された「使用行動」[5] にあたる。その使用にあたって重要となるのが，「使用の意味」と「使用過程で生じる感情」である[6]。快楽消費研究において，主に研究がなされたのが，感情としての快楽消費研究である。「感情としての快楽消費研究」は，消費者が経験する感情経験を対象としたものであり，製品の消費時に感じる感情を対象とした研究[7] や，消費者が買物行動において感じる快楽的価値と買物動機との関係性を捉えた研究がある。

(4)　経験価値マーケティング

経験価値マーケティングは，Schmitt が提唱したものであり「顧客の経験価値」を焦点にしている。経験価値は，出会い，経験，様々な状況下で生活してきたことの結果として生まれるとされている。第2節で挙げた認知的なアプローチとの比較で捉えるならば，認知的なアプローチが「機能的価値」を提供するのに対し，経験価値は「感覚的」，「情緒的」，「認知的」，「行動的」，「関係的」価値であるとされている。

経験価値マーケティングで対象とされる製品は，消費経験論とは異なり，認知的なアプローチが対象となる製品をも対象とする。Schmitt が例として挙げているように，シャンプー，シェービング・クリーム，ドライヤー，香水といった個々の製品を対象とするのではなく，「バスルームの身だしなみ用品」と捉え，このような消費状況に適した製品は何か，製品，パッケージング，広告がどのように消費経験を強化することができるかを考えるのが，経験価値マーケティングである。また，Schmitt 自ら Belk〔1989〕らの研究を引用して述べているように，経験価値マーケティングは「消費状況の意味」に関して鋭い感覚を持っているとされる。この点から鑑みて，経験価値マーケティングは，厳密に言うと消費者行動研究ではないものの提示された経験価値に対する消費者の反応を研究対象にするならば，**図表 4-8** の「消費者行動の意味研究」に分類されることがわかる。

経験価値マーケティングは，その枠組みとして「戦略的経験価値モジュール（SEM）」を提唱している。このモジュールには，「SENSE」，「FEEL」，「THINK」，「ACT」，「RELATE」の５つの経験価値が含まれる。

SENSE（感覚的経験価値）は，五感を通じて感覚に訴えるものであり，ロゴ，パッケージデザイン，製品そのもの，製品が掲載されたパンフレット等が含まれる。例えば，TVCM から香りを感じることはできないが，柔軟剤のビーズが弾ける画像や人との擦れ違いによって「香り」を想起させる CM を作ることが可能である。

FEEL（情緒的経験価値）は，消費の最中に発生するブランドと結びついたポジティブな気分や感情を表しており，これらの感覚への訴求を行うものである。例えば，宅配ピザの CM が「みんなで集まって食べる楽しさ」を想起させるように，食べる（消費する）際の感情が思い浮かぶような広告コミュニケーションをとることで，消費の際の感情を引き出すことができる。

THINK（創造的・認知的経験価値）は，顧客の知性に訴求する認知的・問題解決的経験価値を示している。THINK は，新しい製品技術に用いられることが多く，この製品を購入することで広がる世界を想像させる CM が作られることが多い。以前からこの事例として挙げられるのが「ベネトン」の広告である。アパレル・ブランドでありながら広告で消費者を挑発し，社会問題に目を向けさせる同社の取り組みは，消費者に認知的・問題解決的経験価値を投げかけるものである。

ACT（肉体的経験価値とライフスタイル全般）[8)] は，行動の成果，ライフスタイルや人との相互作用に訴えることを目的としている。Schmittが掲げたACTの概念は，次に挙げるRELATEとの混同が指摘されている。ここでは，新たな製品がライフスタイルを変化させた例を挙げておこう。例えば，Schmittはウォシュレット，大津・長沢〔2011〕は家庭用ゲーム機Wiiのリモコンを挙げているが，ここでは家庭用掃除機「ルンバ」を挙げよう。このような製品は，製品が新たな動きをすることによって，製品の概念（トイレに対する負のイメージ，ゲームはテレビの前で座って行うもの，掃除機は人がかけるもの）を転換し，新たな価値やライフスタイルの創造に貢献している。

RELATE（準拠集団や文化との関連付け）は，他のアプローチと密接に結びついたものであり，個人の自己実現への欲望を訴求するものである。例えば，「父子での思い出づくり」に言及したJR東海のCMのように，「そうだ，京都へ行こう」キャンペーンに「父子」という新たな経験価値を加えることで，「父子でこんな旅行がしたい」という欲望に訴えかけている。

経験価値マーケティングは，これら5つの戦略的経験価値モジュールに「経験価値プロバイダー」（コミュニケーション，アイデンティティ，製品，コ・ブランディング，環境，ウェブサイト，人間）を組み合わせることで，「経験価値グリッド」を構築し，消費者に経験価値を提示することになる。経験価値マーケティングは，消費者がどのように受け取るか，個々でどのように咀嚼するかまではコントロールできないとされている。しかしながら，企業が提案した経験価値を消費者が理解し自らの中に意味づけるとき，そこには感情面を重視した消費者行動が起こっていると言えよう。

(5) 消費者行動研究における新たな潮流

第2節や第3節で述べてきたように，これまでの消費者は製品やサービスの認知的・感情的な価値を企業側から提供され，それを消費しているものと認識されてきた。例えば，第2節で述べたモデルは企業や様々な媒体等から得た情報を認知的に処理することを示しており，第3節で述べた「経験価値マーケティング」は企業が消費者に感情的な価値を提案するものであった。

現在の消費者は，企業側から提供された価値を享受するのみならず，新たな価値を企業とともに共創するようになった。このような「価値共創」の概念は，サービス・ドミナント・ロジック（S-D Logic）[9] の一部として提示され，消費者行動研究の観点を変える可能性を含んでいると言えよう。

【課題レポート】

① 過去1ヵ月に行った購買行動から消費者情報処理モデルで説明可能な事例を3つ挙げなさい。

② 経験価値マーケティングにおける「戦略的経験価値モジュール」に当てはまる事例を挙げなさい。

【復習問題】

① S-R モデルは，どのような消費者を想定しているか述べなさい。

② 消費経験論で想定されている消費を説明しなさい。

<注>

1) S-O-R モデルの代表的なものとして，ニコシアモデル，EKB モデル，ハワード＝シェスモデルがある。
2) ここでは挙げていないが，多属性態度モデルは製品を属性の束として捉える代表的なモデルとされている。
3) Hirschman and Holbrook〔1982〕および Holbrook and Hirschman〔1982〕.
4) 堀内〔2001〕によると，心的構成概念は「消費者が製品を頭の中でどう受け止めているか」を示しているという。
5) Holbrook, Hirschman, 堀内が主張するように，ここで述べられている「使用」には「使う」「利用する」以外にも「維持する」「所有する」「活動に参加する」「着る」「飲む」「食べる」などが含まれている。

6）この分類は，牧野〔1995〕に示されている。
7）Richins〔1997〕.
8）大津・長沢〔2011〕は「行動」と「行動に伴う生理的・心理的活動」をACTと定義している。
9）詳しくはVargo and Lusch〔2004a〕, Vargo and Lusch〔2004b〕, Vargo and Lusch〔2006〕, 井上・村松〔2010〕を参照のこと。

＜参考文献＞

青木幸弘〔1990〕「消費者関与の概念的整理―階層性と多様性の問題を中心にして」『関西学院大学商学論究』（関西学院大学），37(1-4), pp.119-138。

井上綾野〔2007〕「快楽的買物動機と支出行動」『目白大学経営学研究』（目白大学），5, pp.63-74。

井上崇通・村松潤一編著〔2010〕『サービス・ドミナント・ロジック―マーケティング研究への新たな視座』同文舘出版。

大津真一・長沢伸也〔2011〕「消費者の行動経験による差異化戦略―身体性認知〔Embodied Cognition〕と行動的経験価値」『早稲田国際経営研究』（早稲田大学），42，pp.145-152。

清水　聰〔1999〕『新しい消費者行動』千倉書房。

髙橋郁夫〔2008〕『三訂　消費者購買行動―小売マーケティングへの写像―』千倉書房。

田中　洋〔2008〕『消費者行動論体系』中央経済社。

中西正雄編著〔1984〕『消費者行動分析のニュー・フロンティア―多属性分析を中心に―』誠文堂新光社。

堀内圭子〔2001〕『「快楽消費」の追究』白桃書房。

牧野圭子〔1995〕「消費経験主義の検討」『経営と情報』（静岡県立大学），8（1），pp.117-133。

松井　剛〔2013〕『ことばとマーケティング―「癒し」ブームの消費社会史』碩学舎。

Belk, R. W., M. Wallendorf and J. F. Sherry Jr.〔1989〕"The Sacred and the Profane: Theodicy on the Odyssey," *Journal of Consumer Research*, 16 (1), pp.1-38.

Bettman, J. R.〔1979〕*An Information Processing Theory of Consumer Choice,* Addison-Wesley.

Hirschman, E. C. and M. B. Holbrook〔1982〕"Hedonic Consumption: Emerging Concepts, Methods, and Propositions," *Journal of Marketing,* 46(3), pp.92-101.

Holbrook, M. B. and E. C. Hirschman〔1982〕"The Experiential Aspects of Comsumption: Consumer Fantasies, Feelings, and Fun," *Journal of Consumer Research*, 9(2), pp.132-140.

Howard, J. A. and J. N. Sheth〔1969〕*The Theory of Buyer Behavior,* John Wiley & Sons.

Petty, R. E. and J. T. Cacioppo〔1986〕*Communication and Persuasion: Central and Peripheral Routes to Attitude Change,* Springer.

Richins, M. L.〔1997〕"Measuring Emotions in the Consumption Experience," *Journal of Consumer Research,* 24(2), pp.127-146.

Rogers, E. M.〔1962〕*Diffusion of Innovations,* The Free Press.

Schmitt, B. H.〔1999〕*Experiential Marketing: How to Get Customers to Sense, Feel, Think, Act and Relate to Your Company and Brand,* The Free Press.（嶋村和恵・広瀬盛一訳〔2000〕『経験価値マーケティング―消費者が「何か」を感じるプラスαの魅力―』ダイヤモンド社。）

Vargo, S. L. and R. F. Lusch〔2004a〕"Evolving to a New Dominant Logic for Marketing," *Journal of Marketing,* 68(1), pp.1-17.

Vargo, S. L. and R. F. Lusch〔2004b〕"The Four Service Marketing Myths : Remnants of a Goods-Based, Manufacturing Model," *Journal of Service Research,* 6(4), pp.324-335.

Vargo, S. L. and R. F. Lusch〔2006〕"Service-Dominant Logic : What it is, What it is not, What it might be," in Lusch, R. F. and S. L. Vargo (eds.), *The Service-Dominant Logic of Marketing : Dialog, Debate, and Directions,* M. E. Sharpe, pp.406-420.

第5章

マーケティング・リサーチの基礎

本章のねらい

マーケティング・リサーチというと，難しいというイメージが強いかもしれない。最も身近なマーケティング・リサーチの例として，みなさんのスマートフォンの中に，ポイントの付くアプリがいくつ入っているか数えてみてほしい。これらポイントの付くアプリには消費者がいつ・どこで・何を買ったのかという購買履歴が記録されており，そのデータを企業に提供するかわりに，消費者には相応のポイントが還元されている。ポイントカードに限らず，企業は様々なデータを収集・分析し，その結果をもとにマーケティング戦略を立案している。本章では，マーケティング・リサーチの概要を説明した後，定性調査，定量調査とそれぞれの手順について，消費者を対象とした調査を中心に説明する。ここでは，アンケート調査のみならず，マーケティング・リサーチの全体像を把握することと，消費者を対象とした代表的な調査手法に触れることを目的としている。

キーワード

一次データ，二次データ，質的データ，量的データ，定性調査，定量調査，観察調査，深層面接法，グループインタビュー，実査（アンケート調査）

1. マーケティング・リサーチのデータと手法

(1) マーケティング・リサーチとは

マーケティング・リサーチは，市場調査とも呼ばれる。企業は，めまぐるしく変化する市場に瞬時に対応するために，意思決定の基盤となりうる客観的な証拠を必要としている。その証拠を得るために行われるのが，マーケティング・リサーチである。ここでは，企業が実際に行っている代表的なマーケティング・リサーチを紹介し，各リサーチが抱える課題とその課題を解決するために収集するデータの種類を説明する。

マーケティング・リサーチにとって最も重要なことは，「マーケティング課題の設定」である。マーケティング課題とはその企業が抱える問題であり，マーケティング・リサーチはその課題を解決する手段にすぎない。本章では，課題を解決するための手段を先に説明する。なぜなら，マーケティング・リサーチの全体像をあらかじめ頭に入れておくことで，マーケティング課題の解決という目的とその手段としてのリサーチとが結びつきやすくなるからである。

(2) 調査主体によるデータの種類

マーケティング・リサーチが扱うデータには，大別すると「一次データ」と「二次データ」の2種類がある。「一次データ」は，調査を行う企業やマーケティング担当者が自らの目的のために収集するデータのことである。一方で，「二次データ」は，他者が別の目的で収集したデータである。それぞれにどのような調査手法があるのか，具体例を挙げていくこととする。

(3)　一次データの種類と調査手法

①　実　　査

マーケティング・リサーチと言えば，「アンケート調査」を思い浮かべる人も多いが，この「実査」がアンケート調査と呼ばれているものである。**図表5-1**は，ホテルにおけるフロントスタッフの応対に対する満足度を調査したものである。下記のような「調査票」を用い，各質問項目を数値化して統計解析を行う。

図表5-1　質問項目の例

フロントスタッフの応対はいかがでしたか？ 下記の中から１つを選択しご記入ください。 ○非常に不満足である　○どちらかと言えば不満足　○どちらでもない ○どちらかと言えば満足　○大変満足している

②　実　　験

広告や新製品など，何らかの「刺激に対する反応」を見たい場合に，実験を行う。実験には他の刺激を遮断した状態で行う「実験室実験」と，実際の市場で販売することを想定して行われる「テストマーケティング」がある。いずれも収集したデータを数値化し，統計的手法によって売上等への「影響力」を明らかにする。例えば，企業は全国展開したいと考える製品に対して，面積や人口密度が平均的な地域を選択し，その地域のみで販売することがある。これは，他の地域に新製品を投入した際の反応（売上）を予測することを目的としている。

③　観　　察

観察は，「消費者の行動」を詳細に記述するために行われる。消費者は，普段意識せず行っている行動を詳述することに長けてはいない。そのため，調査員が消費者を観察してデータを取る，あるいは観察結果を詳述することになる。観察は，消費者全体の行動を捉えるために行うものと，個別の消費者を捉えるために行うものがある。前者には，消費者全体の行動から商圏を予測するための「交通量調査」が，後者には，個々の消費者が店舗内をどのように歩いているかを調査する「顧客導線調査」や，消費者が商品や POP，棚のどこを見ているかを分析する「アイカメラによる顧客の視線分析」が含まれる。観察によって収集されたデータは，その対象によって扱われ方が異なる。消費者全体の傾向を捉えるために収集されたデータは，数値化されることが多いが，個別の消費者行動を把握するために収集されたデータは，質的データとして扱われることが多い。

④　深層面接法・グループインタビュー

深層面接法やグループインタビューは，主として消費者ニーズの発掘に用いられる。企業は，消費者のニーズに基づいて製品を開発したいと考えているが，消費者は何らかのニーズを持っていても，そのニーズを説明することは得意ではない。それはニーズがあまりにも漠然としていて，説明ができないことが多いためである。具体的には１対１でヒアリングをする，あるいは新製品について語る場を設けることで，ニーズを発掘・具現化していくことになる。ここで得られたフリーアンサーは，質的データとして扱われることもあれば，テキストマイニングや内容分析などのデータ解析に用いられることもある。

（4）　二次データの種類

マーケティング・リサーチにおいて最も重要なことは，「マーケティング課題」を解決することである。そのために利用可能なデータが周囲に存在するのならば，積極的に利用するとよい。このような「別の目的のために，他者によって収集されたデータ」を，二次データという。よく用いられる二次データとして，政府や地方自治体によって収集される統計データ（国勢調査・商業統計・白書など），他の企業や広告代理店，研究所が発表したレポートやホームページ上で公表されているデータ，新聞･雑誌の記事，各種データベースがある。また，企業の場合，社内に蓄積されたデータが利用可能か検討する必要がある。

(5)　収集されたデータの形式に基づく分類

ここまで，調査主体から見たデータの種類とその調査手法を述べてきた。次に，収集されたデータの形式に基づいてデータを分類する。

これらをクロス表にまとめると，**図表5-2**のようになる。

一般的に，数字で表すことができないものを「質的データ」，数字で表すことができるものを「量的データ」と呼んでいる。「質的データ」の中には，数値化して扱うことが可能なものもある。第2節では「質的データ」を収集する「定性調査」，第3節では「量的データ」を収集する「定量調査」について，消費者調査を中心に概観する。

図表5-2　調査主体によるデータの種類と調査手法・データ形式

<table>
<tr><th colspan="2"></th><th>調査手法</th><th>収集されたデータの形式</th></tr>
<tr><td rowspan="5">調査主体によるデータの種類</td><td rowspan="4">一次データ</td><td>実査（1.(3)①）</td><td>量的データ（3.）</td></tr>
<tr><td>実験（1.(3)②）</td><td>質的データ</td></tr>
<tr><td>観察（1.(3)③）</td><td>量的・質的データ（2.(2)）</td></tr>
<tr><td>深層面接法・
グループインタビュー（1.(3)④）</td><td>質的データ（2.(3)）</td></tr>
<tr><td>二次データ</td><td>企業や機関が
発表しているデータ（1.(4)）</td><td>量的データ</td></tr>
</table>

注：表中の（　）内の数字は，本章の節・項・目を表しているので，該当する節・項・目を参照のこと。

2. 定性調査

(1) 定性調査の目的

定性調査は，質的データを収集するための調査であり，代表的なものとして，個別の消費者を観察する「観察調査」や，ヒアリング，インタビューなどを行う「深層面接法・グループインタビュー」がある。本項では，定性調査のメリット・デメリット，目的を示した後，「観察調査」と「深層面接法・グループインタビュー」の概要と手順を示す。

定性調査は，回答者の行動を観察，あるいは回答者の話をじっくり聞くことが多い。これは，回答者の内面を明らかにするためであり，結果からアンケート調査で得られるような一般性は得られない。しかしながら，じっくりと観察する，あるいは話を聞くことで，消費者の行動意図や意識に迫ることが可能になり，ビジネスに有用なヒントや本質に迫ることができるというメリットがある。

一方で，調査に時間がかかり，費用もかさむというデメリットがある。観察・面接等の調査手法では回答者が限られるため，その回答者の回答が「例外」である可能性も否めない。

これらのメリット・デメリットを踏まえ，定性調査の目的を示すと，「新たな仮説の発見や設定」，「関連性や因果関係の構造化」，「アイデアやコンセプトの導出」，「アンケート調査のプリテストや結果の補助」の4点にまとめられる。

① 新たな仮説の発見や設定

定性調査は，回答者の意見を詳細に聞くことが可能である。それによって，研究者やマーケティング担当者が想像し得ない意見が出る可能性がある。これらの意見は，新たな仮説の発見や設定に役立つ。

②　関連性や因果関係の構造化

Tauber〔1972〕が購買動機を定性調査[1)]から導き出したように，定性調査は，定量調査のベースとなる関係性や因果関係を導出することが可能である。このような関連性や因果関係の構造を，定量調査によって検証することも可能である。

③　アイデアやコンセプトの導出

企業は，新製品を発表する前にユーザーになると想定される消費者を集め，製品の試用を行うことがある。その結果をグループで話し合うことによって，マーケティング担当者が想定しない製品に対する意見や使用方法が出る可能性がある。マーケティング担当者とユーザー層との年齢差が大きい場合に，このような手法で新たなアイデアや製品コンセプトを導出することがある。

④　アンケート調査のプリテストや結果の補助

アンケート調査には，プリテストが必要である。プリテストがうまくいかなかった場合やアンケート調査の結果に基づいて意思決定をする場合，その補助として定性調査を用いることがある。

(2)　観察調査の概要とその手順

ここでは，定性調査の1つである「観察調査」の概要とその手順を示す。観察調査は，人の行動や状況を観察しその結果を記述・分析することで，消費者の実態に迫ろうとするものである。観察調査は，観察の対象者が回答できないことを捉えたい場合や，観察の対象者が回答すると回答に歪みが生じる場合に選択される。

観察調査には，定性調査と定量調査[2)]がある。定性調査には，店内での買物客導線調査やアイカメラを用いた視線調査，買物客になりすまして接客態度を調査するミステリーショッパーなどがある。いずれも行動を観察したものが多く，調査対象者が行動を詳細に説明することができない，あるいは調査主体

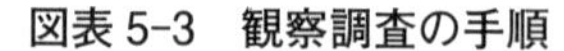

図表 5-3　観察調査の手順

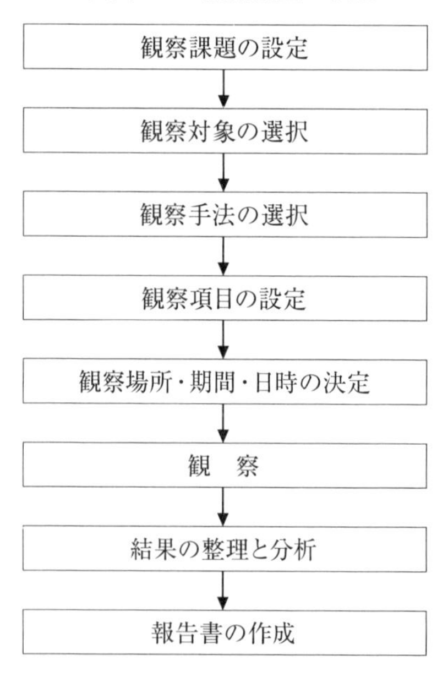

者が調査対象者に対して，調査の詳細を明かせない等の理由から，観察調査が選択されている。いずれにしても，調査対象者が特定される場合には，調査対象者に対し調査の説明を行い，承諾を得る必要がある。

観察調査の手順は，**図表 5-3** にまとめられている。観察調査の場合，「何を知りたいか」という観察課題の設定と，その課題に応じた対象と手法の選択，いつ・どこで・どのように観察するかといった調査のデザイン，実際の観察，結果の整理と分析，最後にその結果を報告書にまとめるといった手順で行われる。

観察調査は，調査に協力してくれる商業施設の存在が不可欠になる。ディベロッパーが自社の商業施設の弱点を分析する，あるいは小売店を持つ企業が自社の顧客を観察する場合，ハードルは高くないが，一般的にはハードルの高い調査であると言える。

また，観察調査は，同一施設内で曜日や時間帯を変えて繰り返し調査を行うことが望ましいとされている。そのため，調査にかかる時間は長いと言えよう。

(3)　深層面接法・グループインタビューの概要とその手順

次に，「深層面接法」「グループインタビュー」の概要とその手順を示す。

①　深層面接法（デプスインタビュー）

深層面接法は，インタビュアーと調査対象者が一対一で面談し，あるテーマについて深く聴く手法である。まず，インタビュアーは対象者に警戒されないように信頼関係を築くことから始める。深層面接法のメリットとして，インタビュアーと対象者の間に信頼関係が存在するため，回答者から真に迫った回答が得られること，デリケートな質問にも回答してもらえる可能性が高いことがある。また，一対一の面談を行うため，対象者は他の人物に邪魔されず自分の意見を述べられるといったメリットもある。一方で，調査に時間と費用がかかる，インタビュアーにかかる負担が大きい点がデメリットであろう。

②　グループインタビュー

グループインタビューは，数名のグループで，座談会形式をとることが多い。インタビュアーが質問し対象者が回答するものと，フォーカス・グループインタビューと呼ばれ，特定の話題についてディスカッションするものがある。新製品のアイデアの具現化を目的としている場合，テーマに関するディスカッションとテーマに沿った要点の整理を繰り返すことで，ディスカッションの中から新たなニーズやアイデアを収集していく。その際に，立会人はグループのディスカッションが，テーマから外れないようコントロールする必要がある。

図表 5-4　深層面接法・グループインタビューの手順

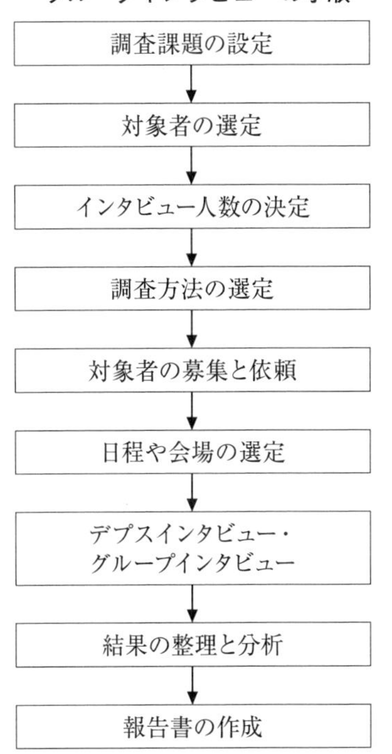

深層面接法やグループインタビューの手順は，**図表 5-4** に示されている。

深層面接法・グループインタビューは，先に示した観察調査と同じく，調査課題の設定から始まる。何を明らかにしたいのか，それに応じた対象者を選定することが必要になる。例えば，自社製品の改良を目的としたグループインタビューを行いたいのであれば，自社製品のユーザーを調査対象者として選定しなければならない。次に，調査対象者の中から何人を呼びたいのか，インタビュー人数を決定する。１人からじっくりと話を聞きたいのならば深層面接法を，グループでのディスカッションを目的としているのであればグループインタビューを選択する。このように，「調査目的―調査対象者―調査方法」は，密接な関係にあることがわかる。次に，デプスインタビューやグループインタビューを行うにあたっての準備が必要になる。調査対象者を募集し，こちらの条件に合った人物に調査への参加を依頼する。そして，日時や会場の調整など実務的な手続きが続く。実際の調査には，時間がかかることが多い。調査対象者が警戒しないよう，調査対象者とインタビュアーが信頼関係を築き，その内容を聴き取るには複数回の調査が必要とされるからだ。調査が終了すると，それらの結果を整理し，共通点やキーワードでまとめることとなる。最後に，調査結果をレポートにまとめ，提出・発表する。

これまで，マーケティング・リサーチにおける定性調査の中から，消費者を対象とした観察調査，深層面接法・グループインタビューの概要と手順を紹介してきた。これらの調査で重要なことは，調査の成否が調査員（インタビュアー，立会人）の能力に依存するということである。調査員の行動や発言が，調査対象者の行動や発言に影響を与えないよう十分に注意しなければならない。

3. 定量調査

（1） 定量調査の目的

定量調査は，量的データを収集するための調査であり，代表的なものとして「実査（アンケート調査）」が挙げられる。本節では，定量調査のメリット・デメリット・目的を示した後，実査の代表例である「消費者調査の手順」を示す。

実査は，様々な手段（郵送・インターネット・電話・街頭など）を通じて調査票（アンケート用紙）を配布し，調査対象者が回答，その結果を収集することで大量のデータを集めることが可能である。膨大な量のデータを収集・分析することによって，データの全体像や傾向を把握しやすいというメリットがある。

このようなメリットに対し，デメリットとして例外が切り捨てられるという可能性が高いという点が挙げられる。例外の回答の中に，企業のマーケティング改善やニーズの掘り起こしに必要なヒントが隠されているかもしれない。しかしながら，このような回答は，多くの場合無視されてしまう。また，質問票の作成者の意図に回答者が誘導されないように，作成者には十分な配慮が求められる。

定量調査の目的は，**図表5-5**に示されているように「記述」,「探索」,「因果関係の発見」の3点にまとめられる。

図表5-5　定量調査の目的

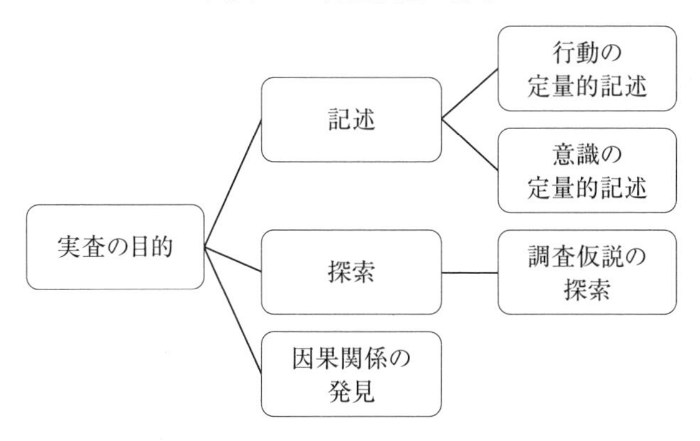

①　記　　述

記述には,「行動の定量的記述」と「意識の定量的記述」がある。

▶行動の定量的記述

調査対象者を消費者とする場合，その行動を記述することが定量調査の目的となる。例えば,刺激に対する反応（ある広告を見た消費者が購買するか否か）

等がこれに該当する。

▶意識の定量的記述

調査対象者を消費者とする場合，その意識を記述することが定量調査の目的となる。例えば，顧客満足度調査などはこれに該当する。

② 探 索

▶調査仮説の探索

定量調査において探索的調査を行いたい場合，事前に定性調査を行い，これまでの調査や研究では見られなかった変数を準備しておくとよい。これらの中から，一般化可能なものを探していく過程が探索である。

③ 因果関係の発見

定量調査は，因果関係の発見や確認を行うために用いられることも多い。企業が，売上の増加した（結果）商品について，その要因を調べたいと考えたとしよう。この場合，定量調査によって売上の増加に寄与している要因を抽出するとともに，その構造を示すことが可能になる。

(2) 実査(アンケート調査)の手順

ここでは，より具体的に消費者を対象とした実査（アンケート調査）を行うことを仮定し，その手順を図表 5-6 に示す。

はじめに，調査課題の設定を行う。調査課題の設定において注意すべきことは，「解決すべき問題」と「調査課題」

図表 5-6 実査の手順

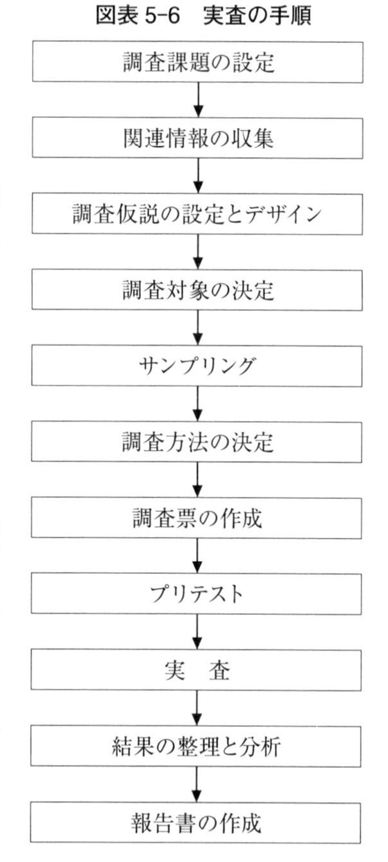

との関連性を明確にすることである。「解決すべき問題」というのは，範囲が広く漠然としていてもよい。企業は「自社製品が支持されていない」と感じた際に，何を調査するだろうか。自社製品の売上が下がった原因を調査するのか，ブランド・ロイヤルティの低下の原因を調査するのか，他社との競合や商圏について調査するのか，単に「自社製品が支持されていない」という「解決すべき問題」も，様々な「調査課題」の設定が可能である。両者の関係性を明確にすることが定量調査において，最も重要なことである。

次に，関連情報の収集を行う。「解決すべき課題」と「調査課題」が明確になったならば，資料や文献を検索し，必要とあれば専門家へのインタビューを行い関連情報の収集を行う。既存の資料や文献，専門家からの助言によって調査課題の修正を行う。

続いて，調査仮説の設定とデザインを行う。先に設定した調査課題に基づき，調査仮説を設定する。調査仮説の設定にあたって，この調査が何を目的にしているのか，**図表5-5**の枠組みに照らして再度検討するとよい。調査仮説が決定すると，自ずと分析手法も検討可能になる。例えば，先に提示した「売上の低下」の要因を抽出する場合，平均・分散・クロス集計・相関係数などの記述統計と多変量解析のような手法を想定し，データ収集後の分析計画を立てるとよい。

調査仮説と調査手法が決まると，調査対象（母集団）を設定することになる。例えば，「大学生の旅行に対する意識」を尋ねたい場合には，大学生を調査対象としなければならない。つまり，調査仮説によって調査の対象となる母集団が設定される。

調査対象が決定すると，実際に調査対象者を選定しなければならない。調査対象者の選定（サンプリング）は，調査仮説に依存する。上記と同じく，「大学生の旅行に対する意識」を知りたい場合，調査対象者に海外旅行経験者を含むのか含まないのか，全く旅行に行かない学生を含むのか含まないのか，考慮しなければならない。また，対象者の選定と並行して，調査に必要とされるサンプルの人数とサンプリングの方法も検討する必要がある。サンプリングの方法には，任意抽出法と有意抽出法がある。任意抽出法には，最も望ましいとされる「単純無作為抽出法」,「層化抽出法」などが含まれ，有意抽出法には，知人や友人を対象とする「便宜抽出法」，母集団の男女比や年齢構成比に応じてサンプルを抽出する「割当法」などが含まれる。

サンプリングが終わると，そのサンプルに対して，実査を行う方法を選択しなければならない。質問票を用いたアンケート調査の方法には，実際に対象者の家庭を訪問しその場で回答を要請する「訪問面接調査」，対象者の家庭を訪問，アンケートを配布し後日回収する「留置調査」，調査票を対象者に郵送する「郵送調査」，内閣支持率調査などに現在も使用されている「電話調査」，回答者を特定の場所に集めてアンケートへの記入を依頼する「集合調査」，インターネット上でアンケートを実施する「インターネット調査」がある。

ここで，実際に配布するアンケート用紙である「調査票」を作成する。調査票は，調査課題との一致，回答形式の選択，質問項目の構造化，回答のしやすさについて考慮する必要がある。調査票に掲載できる質問項目数は限られている。限られた項目の中で，調査目的と一致する質問項目に限定し，調査の目的と分析に耐え得る回答形式[3)] を選択することを心掛けたい。また，質問項目全体の構造化や，回答のしやすさを考慮する必要がある。

調査票が完成したら，サンプルは少数でも構わないので「プリテスト」を実施するとよい。プリテストは，調査票のミスの発見や回答者が答えにくい表現がないかをチェックするために行う。この段階で調査票にミス等があれば，実査を前に修正する。

これらの手順を経て，実査（本調査）を行うことができる。実査が始まったならば，調査票の回収率向上に努めたい。インターネット調査のように，回答すればポイントがもらえる等のインセンティブがあれば，調査票の回収率は高くなる。

実査が終了し調査票を回収したら，データをExcelに入力し記述統計量（度数分布表，平均，分散，標準偏差，クロス集計，相関係数）を求めよう。記述統計量を算出しデータを俯瞰することで，新たな仮説や調査の問題点が浮き彫りになるからである。次に，これらのデータを用い多変量解析を行う。

最後に，検証結果を吟味し調査報告書を作成する。

(3)　代表的な分析手法

ここで，アンケート調査に適用される分析手法について簡単に説明する。実際にこれらの手法を利用する際には，参考文献に挙げた文献を熟読しさらなる理解を深めてほしい。

①　重回帰分析

重回帰分析は，広告・価格と売上との関係性のように，因果関係を説明したい場合に用いる。

②　判別分析

判別分析は，ユーザーとユーザー以外とを比較するときなど，グループ間の違いを説明するために用いる。

③　コンジョイント分析

コンジョイント分析は，主として，新製品開発に使用される。例えば，旅行のパッケージツアーの開発において，ホテル・価格・観光などを組み合わせてパターンを作成し，そのパターンの購入意向を順序で評価するものである。

④　因子分析

因子分析は，変数間の相関関係に基づき，その構造を抽出するものである。アンケート調査では，多くの変数をまとめ，要約するために利用される。

⑤　クラスター分析

クラスター分析は，定量データで似ている者同士を集め，グルーピングする手法である。主として，アンケート回答者をグルーピングするために用いられる。

ここで紹介した手法は代表的なものであり，全体を網羅しているとは言えない。また，分析手法はあくまでも手段であり，設定した調査課題に適した手法を選択する必要がある。

本章で紹介した定性調査・定量調査は，先に示したそれぞれのメリット・デメリットや目的から鑑みて，相互補完的なものであると捉えるべきだろう。

定性調査は一般化は難しいが事例を説明することに長けており，定量調査は一般化に優れた手法である。しかしながら，どちらが優れているといった優劣がつくものではなく，両者のメリットを活かした調査設計が望ましいとされている。

【課題レポート】

① ペットボトルの緑茶を製造する飲料メーカーが，アンケート調査を行う際に，適当と思われるサンプリングの手法を説明しなさい。

② 観察法による調査を行っている企業を１つ挙げ，その調査手法について述べなさい。

【復習問題】

① 一次データと二次データの違いについて説明しなさい。

② 定量調査のメリット・デメリットを挙げなさい。

<注>

1）Tauber〔1972〕は，購買動機を抽出するために，30人の男女を対象に，深層面接法による調査を行った。この研究は，定性調査によって調査仮説を導出した一例である。

2）観察調査における定量調査には，交通量調査やPOSデータで蓄積された買物客特性調査，テレビの視聴率調査などが挙げられる。

3）例えば，単数選択，複数選択，２項選択，評定尺度，自由回答など様々な質問形式がある。質問形式は，調査課題とそれに基づく分析方法を踏まえた上で，選択するとよい。

<参考文献>

上田拓治〔2004〕『マーケティングリサーチの論理と技法（第２版）』日本評論社。

髙田博和・上田隆穂・奥瀬善之・内田学〔2008〕『マーケティングリサーチ入門』PHP研究所。

髙橋郁夫〔2008〕『三訂　消費者購買行動―小売マーケティングへの写像―』千倉書房。

沼上　幹〔2008〕『わかりやすいマーケティング戦略（新版）』有斐閣。

Aaker, D. A. and G. S. Day〔1980〕*Marketing Research: Private and Public Sector Decisions*, John Wiley & Sons.（石井淳蔵・野中郁次郎訳〔1981〕『マーケティング・リサーチ―企業と公組織の意思決定―』白桃書房。）

Tauber, E. M.〔1972〕“Why Do People Shop?” *Journal of Marketing*, 36(4), pp.46-59.

第6章

製品戦略の基礎

本章のねらい

マーケティングとは顧客価値を創造する活動であり，その中心的役割を果たすのが製品戦略である。マーケティングにおいて「製品」概念はどのように捉えられているだろうか。市場を見渡せば無数の製品が溢れているが，まずは，これらの製品を分類する基準について整理していく。広く製品には消費者が使用する製品と企業が使用する製品とがあるが，本章では前者を中心に考察する。

次に，わたしたちは次々と発売される新製品に日々目を奪われているが，新製品とは一体何なのか。新製品はどのような開発プロセスを経ているのか，また，消費者にどのように受け入れられていくのか。市場に投入された製品はどのようなプロセスを経て市場から消えていくのかについてみていく。

最後に，製品戦略上，企業が最も重視するブランド戦略についてみていく。近年，ブランドは消費者の製品選択に決定的な影響を与える重要な概念となっている。強力なブランドを持つことが企業価値を高め顧客のロイヤルティを高める。本章では企業が注目するブランドの概念やマネジメントについて見ていく。

キーワード

製品，サービス，ベネフィット，製品ミックス，新製品開発，製品差別化，計画的陳腐化，普及理論，製品ライフサイクル，ブランド戦略

1. 製品戦略とは何か

(1) 製品の概念

製品（Product）は企業にとって必要不可欠なマーケティング要素であり，製品なくしてマーケティングを考えることはできない。なぜなら，製品はマーケティング・ミックスにおける１つの重要な構成要素であるとともに，価格（Price），流通（Place），プロモーション（Promotion）などマーケティング要素を決定する際の起点となるからである。

では，製品とは何だろうか。ここでは，製品と商品の違いから説明していこう。製品とは，製造工程に着目し，原材料あるいは他の製品を加工することで製造された品物を指す。また，商品とは流通過程に着目し，販売または再販売を目的として作られる品物を指す概念である。すなわち，製造された製品が流通過程に入れば商品となる。概念的には，商品は製品を含み，製造された品物ではない農産物や水産物，畜産物などは産地や農場から流通を介して小売店の店頭に陳列されれば商品となる。また，商品には流通を介さない無形のサービスも含まれる。

上記のような製品の理解に基づき，W. レイザーは「製品とは買い手と売り手の問題を解決してくれる手段である」と述べている。つまり，製品は買い手にとって自己の欲求を満足させ，売り手にとっては利益の確保を可能にする解決手段となるというのである。

製品は，次の３つの階層から構成されるものと考えることができる（**図表6-1**）。最も基本的な階層は中央にある「製品の核」であり，この層は購入者が問題解決をするために必要とするベネフィットを意味している。例えば，自動車の購入者は「快適で安全な日々の移動手段」を購入しているのであり，エアコンの購入者は「心地良い温度」を購入しているのである。自動車やエアコン

図表6-1　製品の3つレベル

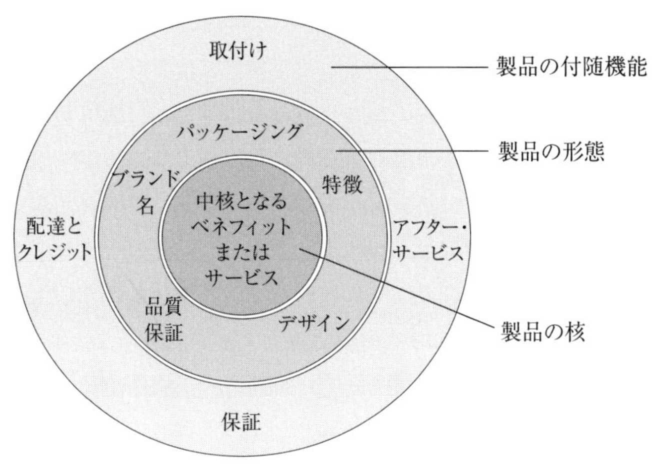

出所：Kotler and Armstrong〔2001〕（訳書）p.349より作成。

が利用されるのはこれらの製品が基本的なベネフィットを提供しているからで，もし代替製品が同等のベネフィットを実現すれば，購入者はこれらの製品でなくてもかまわないのである。ここで注意すべきは，自動車の購入を考える人の中には,「快適さ」の他にも「優越感を抱きたい」「かっこよく見られたい」などの複数のベネフィットを求める場合がある。したがって企業は顧客が求めるベネフィットを束として捉え，製品を創造しなければならない。

第2の階層は「製品の形態」で，中核となるベネフィットを実現するための具体的な製品形態を表す階層である。自動車の場合,乗車人数やドア開閉方法,エンジンタイプや安全機能などの製品の諸特徴や個性的なデザイン，ブランド名，品質水準などの具体的な特性を持つような製品として設計される。これらの属性は中核となるベネフィットに基づいて便利で質の高い製品形態を提供するべく慎重に組み合わせる必要がある。

第3の階層は「製品の付随機能」で，中核となるベネフィットや具体的な製品形態を取り巻く製品の付随機能を表す階層である。当該製品の購入によって生じる取り付けや配送サービス，クレジットによる支払い，保証，その他アフターサービスやメンテナンスなどの付随サービスである。

(2) 製品の分類

製品は，それを利用する消費者によって生産財と消費財とに分類される。生産財とは購入後さらに加工を加えたり，業務を行うために使用する目的で購入される製品である。消費財とは最終消費者自らが個人的に消費する目的で購入される商品である。ここでは消費財を中心に検討する。消費財は消費者の購買習慣に基づいて最寄品，買回品，専門品，非探索品に分類される。これらの商品は消費者の購買方法が異なり，それに応じて販売方法も異なる。

最寄品とは，消費者が日常的に頻繁に購入する製品を指し，野菜，魚，肉，日用雑貨品，タバコなどが典型である。一般的に商品単価が低く，類似品との比較や購買に際して最小の努力しか必要としない消費財である。企業のマーケティング担当者は，可能な限り消費者の目に触れさせるために多くの小売店頭に置き，商品へのアクセス機会を増やすことが重要となる。

買回品とは，その購入にあたって複数の店舗を見て回り，いくつかの商品の価格，デザイン，機能，品質などを十分に比較検討して購入を決める消費財のことで，家具や家電製品，中古車，マンションなどが典型である。一般的に商品単価が高く，購買にあたって慎重に吟味することになるため，幅広い品揃えや価格と品質のバランス，顧客への有益な情報提供や問題解決を手助けするような販売員の対応が重要となる。

専門品とは，消費者がその商品の購入にあたって特別な努力を払ってでも購入しようとする，独自の特性やブランド・アイデンティティを有した消費財のことで，高級自動車や高級ブランド品などが典型である。一般的に商品単価が高く，販売店舗も限定されているが，消費者は商品を比較するために複数の店舗を探し回ることはせず，遠方にある店舗に出向いてでもその商品を指名買いする。専門品のうち競争力を持たせるために，マーケティング担当者はブランド構築がマーケティング上重要な課題となる。

非探索品とは，消費者がその商品自体について知らない，知っていたとしても積極的に興味を示さない，あるいは必要とするまでは購入を考えない消費財のことで，百科事典や墓地，墓石，生命保険などが典型である。非探索品を販売する企業は，広告や販売員による積極的なプロモーションによって事前に存在を認知させ，必要とされた時に商品が消費者に想起されることが重要となる。

(3)　製品ミックス

今日，企業がただ1つの製品のみ提供するということはそれほど多くはない。それは，たとえ1つの製品であってもカラーバリエーションや用途，容量，内容など多様なレパートリーが存在しているからである。複数の製品を提供する場合，それらをどのように組み合わせるかという製品ミックスの問題が製品戦略上重要となる。他の製品と区分できる最小の製品単位をアイテム（品目）といい，アイテムの集合を製品ラインという。

製品ラインには「幅」と「深さ」という2つの次元があり，幅とは，例えば製粉メーカーであれば小麦粉だけを取り扱うのか，クッキーやパン，インスタントヌードルも扱うのかによって広がる。また，深さとは，パンの中でどれだけのモデル数を扱うのかによって深まる。一般的に，製品ラインの深さはブランド（品質，グレード），価格帯などの相違によって設定される場合が多い。製品ラインの幅と深さは企業の製品多角化の程度を表し，製品ラインを拡大する政策をフルライン政策，縮小する政策をショートライン政策と呼ぶ。

例えば，トヨタ自動車は乗用車の販売において，ボディタイプ別にコンパクト，セダン，SUV，GR/GR SPORT，ミニバン，ワゴン，スポーツ，軽自動車の8つのカテゴリーで51車種を販売している。それぞれのカテゴリーごとに消費者ニーズに合った用途や機能，性能，デザイン性を持つ乗用車を展開し，製品ラインの幅と深さの広がりをもつフルライン政策を採用している。

フルライン政策は充実した品揃えという面で多様な消費者ニーズへの細やかな対応を可能にするが，過度な展開は重点的な資源の投入を困難にし，時に広がりすぎた自社製品同士のカニバリゼーションをもたらす危険性もある。

2. 製品計画

(1) 新製品開発のタイプ

消費者ニーズの多様化や個性化の進展の中で，新製品を次々に開発していくことは企業にとって容易なことではない。新製品開発はマーケティング・リサーチを基礎としてニーズを吸い上げ，R&D（研究開発）によって具現化していく製品開発活動である。こうして生み出された新たな製品やサービスは市場での厳しい評価を受けることになる。新製品の中には，これまでにはなかった画期的な新製品だけではなく，軽微な変更による新製品がある（**図表6-2**）。

ライン拡張とは，すでに市場において一定の成功を収めているブランド名をそのまま使用し，風味や形，色，原材料，容器のサイズなどを変更し投入する

図表6-2 新製品のタイプ

	既存ブランドネーム	新ブランドネーム
既存製品カテゴリー	ライン拡張	マルチブランド
新製品カテゴリー	カテゴリー拡張	新ブランド

出所：武井・岡本編〔2006〕p.31。

ものである。例えば，アサヒ飲料では「十六茶」ブランドにブラックティー，黒豆，黒ハトムギなど黒にまつわる健康素材16種類をブレンドして開発した「プレミアム黒十六茶」や，江崎グリコの「ビスコ」をもとに賞味期限5年間の防災対策食品として開発した「ビスコ保存缶」などが挙げられる。

カテゴリー拡張とは，すでに市場において一定の成功を収めているブランド名をそのまま使用し,改良した製品を新たなカテゴリーに投入するものである。例えば，花王の「メンズビオレ」が挙げられる。もともと女性用のスキンケア用品として「ビオレ」が販売されていたが，マーケティング・リサーチの結果，男性にも顔に関する悩みに「ベタつき」「アブラ」「テカリ」，体の悩みに「汗」「ニオイ」「ベタつき」があることが判明し，男性消費者のニーズを満たすものとして「メンズビオレ」という新たな男性用スキンケア用品が誕生している。

マルチブランドとは，現行の製品カテゴリーに新たなブランドを追加的に投入するものである。例えば，日本コカ・コーラは茶系飲料カテゴリーの「爽健美茶」や「からだ巡茶」の他に,新たに「綾鷹」ブランドを追加投入している。

新ブランドとは，新分野の製品カテゴリーに新たなブランドを投入する新製品である。例えば，富士フイルムはこれまでカメラやデジタルカメラなど精密機器製品を製造するメーカーであったが，抗酸化技術とナノテクノロジー技術を応用して新たな分野として化粧品ブランド「アスタリフト」を展開している。

(2)　新製品開発のプロセス

新製品開発に要する期間や開発費用，労力は企業によって異なる。いかなる新製品も市場に投入して全く売れなければ，企業は相当の損害を被ることになる。そのため，市場導入にあたり販売の確実性を高めるため新製品開発においては綿密な計画に基づく開発プロセスが遂行されることになる。新製品開発のプロセスは**図表6-3**のとおりである。

図表 6-3　新製品開発の主なプロセス

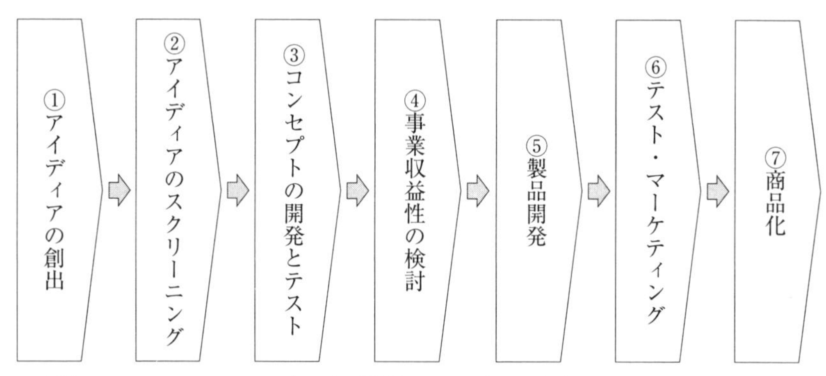

出所：Kotler and Armstrong〔2001〕（訳書）p.401 をもとに作成。

①　アイディアの創出

いかなる製品開発も何らかのアイディアが開発の出発点となる。アイディアの情報源は，顧客，企業内部，競合他社，流通業者，供給業者などあらゆる場所にアイディアのヒントとなる可能性が秘められているため，日頃から情報収集に努めなければならない。新製品開発のための「種」を模索する段階である。

②　アイディアのスクリーニング

収集された多数のアイディアは目的に応じて絞り込むアイディア・スクリーニングを行う。製品開発コストは段階が進むにつれて大幅に上昇するため，不必要なアイディアは早期に取り除くことが望ましい。アイディア・スクリーニングは企業ごとに適切な評価基準に基づいて実施される。

③　コンセプトの開発とテスト

絞り込まれた有望なアイディアは製品コンセプトへと発展させる。製品コンセプトとは，製品によりもたらされる機能やベネフィットが明確に表現されたものである。つまり，販売対象は誰か，販売対象にどのように役立ち，ニーズをどのような方法で満たすのかといった要素を考慮しなければならない。製品コンセプトは，標的となる消費者の反応を確認するためコンセプト・テストを実施し，さらにコンセプトを磨きながら練り上げられていく。

④　事業収益性の検討

製品コンセプトに基づく今回の企画が事業としてどれほど魅力的かを収益性の観点から検討していく段階である。市場ポジショニング，マーケティング・ミックス，売上予測，市場シェア予測，利益目標，マーケティング予算配分など短・中・長期的なプランを組み立てて，その事業収益性を検討する。

⑤　製品開発

これまで積み上げられてきた抽象的な製品コンセプトを具体的に製品化する段階である。ここでは社内の研究開発部門やエンジニアリング部門あるいは製造部門などを通じて数多くの試作品の開発が行われ，性能テストや消費者テストを繰り返すことによって製品としての精度を高めていく。

⑥　テスト・マーケティング

テスト・マーケティングは本格的な市場投入前に期間限定的に特定の販売地域や販売店を通じてより現実的な市場環境のもとで販売が行われるテストである。テスト・マーケティングはあらゆる製品で行われるのではなく，革新的な製品の場合とくに実施されるケースが多い。テスト・マーケティングは詳細な実施計画に基づいて行われ，商品性（機能性，デザイン，ネーミング，価格等）や流通チャネル（販売経路，ストアカバレッジ等），広告宣伝（広告メディア，訴求ポイント等）に対する消費者や流通業者の反応などに問題点がないか確認を行う。

⑦　商品化

市場への本格的な導入段階である。ただし，市場導入に際して市場状況を考慮しながら適切なタイミングと販売地域で導入することが重要となる。

(3) 普及理論

企業は新製品を市場に導入することによって，他社との熾烈な競争を展開する。先にも述べたが，新製品には全く新しい製品や軽微な変更による新製品があるが，とくに前者のような革新的な製品が市場にどのように受容されるかを考えるときには，ロジャーズのイノベーションの普及プロセスの考え方が有用である[1)]。彼はイノベーションがどのように社会や組織に伝播・普及するのかについて実証的研究を行い，採用時期によって採用者を5つのカテゴリーに分類している（**図表6-4**）。

イノベーターとは，あまり情報が出回っていない新製品導入初期にリスクを承知で採用する消費者で，いわゆるマニアと呼ばれるような人たちである。

初期採用者は，ロジャーズの普及モデルでは最も重要な消費者と考えられている。初期採用者は社会全体の価値観との乖離が小さく，その新製品が価値に見合ったものかどうかを冷静に判断し，新しい価値観や利用法を提示する役割を果たす存在である。イノベーターと初期採用者の2つの層の消費者がイノベーションを採用した段階（普及率が16%を超える段階）で，その後の普及の度合いが決定づけられると考えられている。そのため，この2つ消費者は「オピニオンリーダー」「インフルエンサー」「マーケットメーカー」などと呼ばれ，

図表6-4　新製品の普及過程

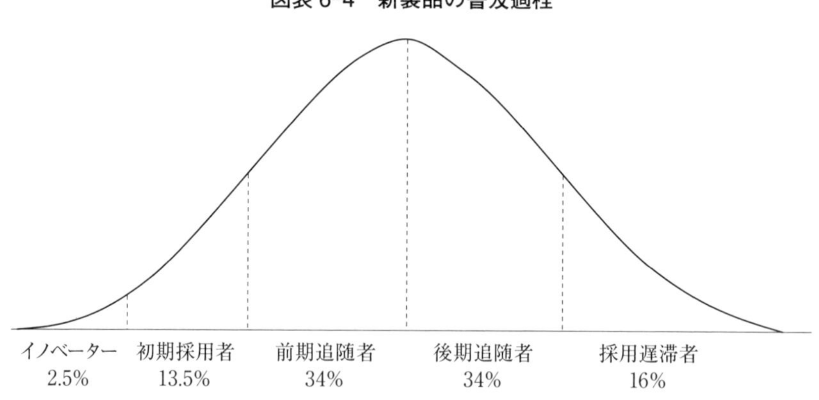

出所：Rogers〔1962〕（訳書）p.162より作成。

消費者行動論研究やコミュニケーション論において重要視される。

前期追随者は，オピニオンリーダーからの意見やアドバイスを参考にして，新製品の採用には慎重に判断をして受容していく消費者である。

後期追随者は，社会全体の半数の人たちが採用したあとで採用を始める，非常にゆっくりとした消費者である。その製品が持つ様々な問題が解決された後で行動を起こす注意深い，あるいは流行に左右されない消費者であると言える。

最後に採用遅滞者である。彼らは採用を決める消費者の中で最も遅い消費者で，革新的な製品や考え方を受け入れるのが遅い消費者である。

（4）計画的陳腐化

今日の企業間競争はいかにニーズに合った製品開発を行い，新製品を適切なタイミングで市場導入できるかが重要となる。そのため，場合によっては本来まだ売れる可能性があるにもかかわらず，自社製品の寿命を意図的に短縮することで新たな需要を喚起する計画的陳腐化というマーケティング手法をとることがある。計画的陳腐化には，次の３つのタイプがある。

①　構造的陳腐化

構造的陳腐化とは，交換や買い替え需要を狙って原材料や生産工程を意図的に操作することにより，製品寿命を短縮させ耐用年数が長くならないように設計する方法である。技術的革新性や心理的目新しさを訴求できない製品の場合に採用されるが，結果としてブランドのイメージダウンにつながる危険性がある。

②　機能的陳腐化

機能的陳腐化とは，軽微な変更を施した新製品を出すことによって，いまだ使用可能な旧製品からの買い替えを促す方法である。新機能を搭載したパソコンやテレビなどの相次ぐ新製品の発売はこの典型であり，旧製品の機能的なマイナス面を浮き彫りにして新製品への買い替えを促している。

③ 心理的陳腐化

心理的陳腐化とは，デザインやスタイル，カラー，パッケージなど外観上のイメージが流行から外れていると消費者に感じさせ，画期的なデザインや斬新なイメージの新製品を導入することで，旧製品を古臭く感じさせようとする方法である。性能や仕様はほぼ同じであっても，デザインやコンセプトの新しさで次々に新製品を投入する自動車やアパレル商品などでよく見られる。

また，このような計画的陳腐化をさらに促進させるために，企業は当該製品の交換部品の製造や補完サービスを早期に打ち切ったり，現行モデルの維持コストを割高に設定したり，自社の後継製品への切り替えを促進するプロモーションを積極的に実施したりするなど，万策を講じて買い替えを促すのである。

(5) 製品ライフサイクル

人間に寿命があるように，製品にもそれぞれ寿命がある。製品の寿命とは市場導入されてから市場から姿を消すまでのプロセスをいい，これを一般に製品ライフサイクル（Product Life Cycle : PLC）と呼んでいる（**図表 6-5**）。近年，消費者ニーズの多様化や企業間の製品開発競争によって製品ライフサイクルは短縮化傾向にある。以下，各期の特徴について見ていこう。

① 導入期

製品が市場に導入される最初の時期である。この時期は，市場が立ち上がったばかりで多くの消費者はその製品の存在自体知らない場合が多い。そのため，ブランド名やその製品の効果・効能を告知するための大々的なプロモーションや店頭での露出を増やすなど流通業者への多額の販売促進コストを必要とする。

② 成長期

消費者の認知度も徐々に高まり，販売促進効果やデモンストレーション効果が働くことで需要が急速に伸び始める時期である。成長市場として続々と後発企業が参入し始めるが,先発者優位が働くため後発企業との間に格差が現れる。市場には,類似品が次々と現れるため差別化競争が次第に激しくなる時期である。

③　成熟期

需要や市場の成長性が鈍化し,競争企業も出揃う時期である。この時期の消費者の購買行動は新規購入よりも買い替え,あるいは買い増し需要が中心となる。売上高の増加が期待できないため,企業は製品の品質改良を試みるか,価格を下げるか,あるいは広告費用をかけるか,ブランドイメージ上の差別化を図る行動をとるようになる。成熟期後半には,売上高や利益率は次第に低下していく。

④　衰退期

競合する新製品の新規参入やニーズの変化などによって,市場が徐々に縮小し,撤退する企業が現れる。この時期,企業の意思決定には,市場に残って追加的な投資を抑えながら収益を獲得していくことも選択肢の1つであるが,撤退や事業の縮小といった事業存続の可否についての決断も重要となる。

図表6-5　製品ライフサイクル（PLC）

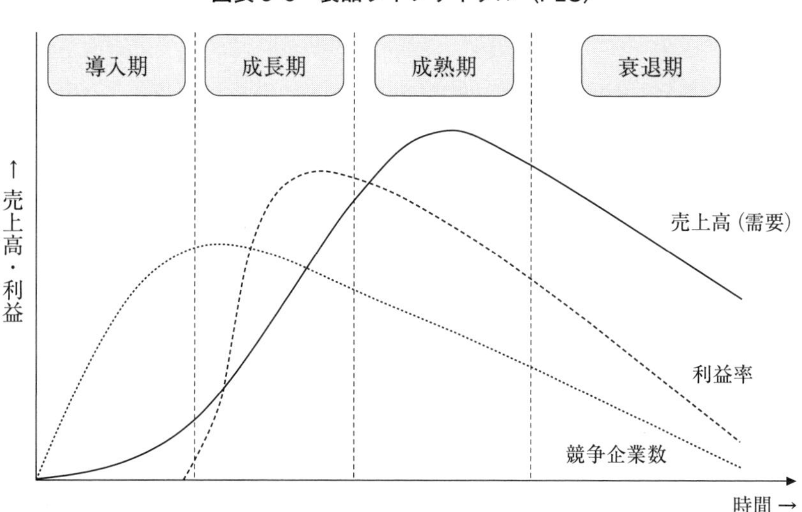

出所：筆者作成。

3. ブランド戦略

(1) ブランドの意義

マーケティングにおいて用いられるブランドという用語は，シャネルやルイ・ヴィトン，メルセデスベンツといった高級品だけを表す用語ではない。AMAの定義では，ブランドは「ある売り手の財やサービスを，他の売り手のそれと異なるものと識別するための名前，用語，デザイン，シンボル及びその他の特徴」［アメリカマーケティング協会（AMA）1963年］とあり，他社の製品やサービスと識別するために付与されたものであれば価格や品質に関係なくブランドとなる。したがって，カルビーの「かっぱえびせん」もamazonの「amazon prime」もブランドである。ブランドの多くは特許庁に登録することにより法的保護の対象となり，登録者の独占的な使用によって他の競争企業の安易な模倣を避けることができる。

企業は，競合するブランドの中から自社のブランドを消費者に選択させるべく，ブランドの認知活動を積極的に進める。これが進めば消費者は，徐々にそのブランドへの愛着を強め，ロイヤルティ（忠誠度）が高まることになる。ブランド・ロイヤルティはその程度によって，ブランド認知，ブランド選好，ブランド固執の段階で捉えることができる。ブランド認知とは，消費者がそのブランドを見聞きしたことがあり，その存在を認知している状態である。この段階では，他社ブランドが全く認知されていなければ有利に競争を進めることができる。ブランド選好とは，単に認知するだけではなく，複数のブランドの中から習慣的に好んで特定のブランドを購入している段階で，他社ブランドがこうした状態でない場合には，競争において有利な立場となる。ブランド固執とは，消費者が特定のブランドの購入を確定させている段階である。ブランドへの強い愛顧状態を意味し，その製品が店頭になければ目的の製品を求めて複数の小売店を探し回ったり，入荷まで待つといった行動をとる。

ブランド戦略は，消費者との関係において，特定の製品やサービスへの忠誠度を高めようとする製品戦略上重要なマーケティング・ツールである。

(2)　ブランドの分類

ブランドは，競争企業の製品やサービスとの差別化を図る目的で採用されるマーケティング手法であるとともに，その品質や性能に関する責任の所在を明確にする手段ともなっている。

ブランドは，誰が主体となって開発するかによって2つに分類される。メーカーが製品を企画し製造するブランドをNB（ナショナル・ブランド）といい，流通業者が独自の使用発注書に基づいて設定するブランドをPB（プライベート・ブランド）という。基本的に流通業者は製造機能を持たないためPBはメーカーに製造委託して製品を調達することになる。アップルの「iPod」，明治の「明治おいしい牛乳」，ライオンの「トップ」などがNBで，イオンの「トップバリュ」，セブン&アイの「セブンプレミアム」はPBである。近年，PBに大手メーカーが参画するようになり，従来の低価格志向型PBの品質イメージが改善され，プレミアムPBと呼ばれる高品質なPBが普及しつつある。

また，ブランドはマネジメントの観点から，総合ブランドと個別ブランドに区分される。総合ブランドとは，複数の製品ラインに共通して設定され，1つのブランド名称が複数の製品ラインに横断的に利用される。例えば，ヤマト運輸では，「クール宅急便」「空港宅急便」「パソコン宅急便」など「宅急便」ブランドを横断的に用いている。総合ブランドは製品全体や企業イメージを1つのブランドで訴求するため，コスト面で効率的である。しかし，一度ブランドが傷つくと他のブランドすべてに負のイメージが波及する恐れがある。

個別ブランドとは，個々の製品ブランドごとに設定されるもので，特定の製品ブランドへのロイヤルティを高めてブランド固執へと誘う効果があるが，消費者ニーズに合わせて製品多様化を進める企業にとって製品ブランドごとの販売促進コストが相対的に高くなる。例えば，江崎グリコでは「ポッキー」「プリッツ」「ジャイアントコーン」など個別のブランド戦略の名称を用いている。

(3) ブランド構築の重要性

現代の企業にとってなぜブランドが重要なのだろうか。わたしたちの身の回りには多種多様な製品が溢れ返っている。次々と現れる新製品の中で消費者の選択眼も高まり多少の変化ではすぐには飛びつかない賢い消費者が増えているのである。持続的な市場拡大が難しいこうした状況では，新規顧客よりも既存顧客を大事に育て上げ，彼らを囲い込むことのほうが効率的であるようにさえ感じられる。そこで企業は魅力的なブランドを持つことにより，製品の発売に際して有利に販売を実現させるべく自社ブランドに忠誠的な優良顧客を育て上げることに躍起になっている。ブランドを構築することは，企業にとって4つの点でマーケティングを行いやすくする。第1に，固定客をつかむことで安定的な売り上げ確保が期待できる。第2に，認知度の高いブランドを保有することで企業イメージが高まる。第3に，認知度の高いブランドは指名買いの対象となり，流通業者との取引を有利に展開できる。第4に，強力なブランドを持つ企業はそのブランド力を利用して関連する製品分野や新規事業への進出，あるいは異分野への参入の機会が与えられる，などである。

ブランドの構築は体系的に行われなければならず，全社レベルでのブランドの構成や配置をいかに管理していくかといったブランド管理が重要となる。

【課題レポート】

①　ある企業の製品ミックスがどのように構成されているか検討し，その企業の製品戦略の特徴について考察しなさい。

②　企業はなぜブランドを構築するのかについて事例を用いて説明しなさい。

【復 習 問 題】

①　最寄品，買回品，専門品，非探索品について説明し，それぞれ具体的な製品を例示しなさい。

②　計画的陳腐化の3つのタイプについて説明しなさい。

③　具体的な製品を1つ挙げ，その製品が製品ライフサイクル上どの位置にあるか，またなぜそのように考えるのか説明しなさい。

④　ナショナル・ブランドとプライベート・ブランドの違いについて説明しなさい。

<注>

1）Rogers〔1962〕（訳書）。

<参考文献>

上田隆穂・青木幸弘〔2008〕『マーケティングを学ぶ（上）―売れる仕組み』中央経済社。

小川孔輔〔2011〕『ブランド戦略の実際（第2版）』日本経済新聞出版社。

小原　博〔2011〕『基礎コース　マーケティング（第3版）』新世社。

木綿良行・懸田豊・三村優美子〔1989〕『テキストブック　現代マーケティング論（新版）』有斐閣。

黒岩健一郎・水越康介〔2012〕『マーケティングをつかむ』有斐閣。

武井　寿・岡本慶一編〔2006〕『現代マーケティング論』実教出版。

新津重幸・庄司真人〔2008〕『マーケティング論』白桃書房。

Kotler, P. and G. Armstrong〔2001〕*Principle of Marketing*, 9th ed., Prentice Hall.（和田充夫監訳〔2003〕『マーケティング原理』ダイヤモンド社。）

Kotler, P. and K. L. Keller〔2006〕*Marketing Management*, 12th ed., Prentice Hall.（恩藏直人監修，月谷真紀訳〔2008〕『コトラー&ケラーのマーケティングマネジメント』ピアソンエデュケーション。）

Lazer, W.〔1971〕*Marketing Management: A System Perspective*, John Wiley & Sons.

Rogers, E. M.〔1962〕*Diffusion of Innovations*, Free Press.（三藤利雄訳〔2007〕『イノベーションの普及』翔泳社。）

第7章

価格戦略の基礎

本章のねらい

価格（お金）は，私たちの日々の生活のあらゆる場面にかかわっている。その価格は，できれば安い方が，さらにいえば無料（タダ）であれば一番良いと考えるのが一般的である。NHK や一部の有料放送を除くとテレビ番組は無料で見ることができる。また LINE により無料で通信することができる。企業は売上げや利益を獲得しないと事業を継続することができないのに，このように無料で提供されるものがある。そして価格は他の3つのマーケティング・ミックスと比較すると比較的容易に変更することができるという特徴がある。

本章では，価格の重要性，企業における価格の決め方，戦略としての価格戦略，競合企業から価格競争を仕掛けられた際の対応方法，インターネットが価格に及ぼす影響について説明していく。

キーワード

価格の重要性，価格の決定方法，損益分岐点，需要の価格弾力性，価格戦略，価格における問題，競合・代替関係，価格競争への対応，インターネット

1. 価格の意義

(1) 価格の重要性

マーケティングにおいて価格が重要であるのは，次の理由からである[1)]。まず第1に価格は，顧客が商品を購入する際に支払う対価であるため，顧客はその商品の価値を価格と比較して妥当かどうか判断して購入するか否かを決定するからである。第2に価格は，企業にとって商品単位当たりの収入を規定するからである。商品を販売するためのマーケティング・コストは，この収入から賄われることを考えると，価格はマーケティング・コストの支出水準をも規定する。第3に顧客が商品についての情報を充分に持っていない場合には，価格が顧客にとって品質判断の基準となることがあるからである。例えばブランド力のある商品の場合には，高い価格である方が価値を生み出すこともある。

(2) マーケティング・ミックスの中における価格

メーカーにおいて価格以外のマーケティングの4Pである，製品（Product）における新製品開発コスト，チャネル（Place）における流通業者への利益やリベート，販売促進（Promotion）における広告宣伝コストなどは，メーカー出荷価格から製造原価を差し引いた利益から支出するため，当然，出荷価格を低く（利益を少なく）すると他の4Pに支出できるコストが少なくなり，適切なマーケティング戦略を実施できないことを意味する。すなわち価格設定の問題は企業全体のマーケティング戦略を左右する大きな意味を持つ。これはメーカーだけでなく，小売業やサービス業でも同様である[2)]。

2.　価格の決め方

(1)　価格の決定方法

それでは企業はどのようにして価格を決定しているのであろうか。それは大きく３つに分類できる[3)]。

①　商品のコストを重視するコスト志向型価格決定法

コスト志向型価格決定法は，メーカーであれば製造原価に販売管理費と目標利益を加えた価格，卸売業や小売業であれば仕入原価に販売管理費と目標利益を加えた価格の決定法である。この方法であれば，ある一定数量以上が売れれば必ず利益を確保することができる。

②　需要の大きさを配慮する需要志向型価格決定法

顧客が，その商品をどの程度の価格であれば購入しても良いと思うかを考えた価格の決定法である。

③　競合企業の価格を重視する競争志向型価格決定法

メーカーであれば類似製品を販売している競合企業の価格を参考に，小売業であれば競合する小売業の販売価格を参考にする価格の決定法である。

(2)　損益分岐点

損益分岐点売上高とは，売上高と費用が同一となる点をいう。損益分岐点より売上高が高いと利益を獲得することができ，逆に低いと利益を獲得することができない，いわゆる赤字となる。

損益分岐点を考える場合には，費用を固定費と変動費の２つに分けて考える[4)]。メーカーの場合，固定費は生産数量にかかわらず発生する費用である正社員の給料・賃借料・減価償却費などである。変動費は，生産数量に応じて発生する費用である原材料費・水道光熱費・臨時社員の給料や残業代などである。

固定費は生産数量が変動しても変わらないため，生産数量が増加するほど製品１つ当たりが負担する固定費は少なくなるが，逆に生産数量が減少するほど製品１つ当たりが負担する固定費は大きくなる。すなわち，大量生産が可能なメーカーほど製品１つ当たりの固定費が少なくなるため利益も大きくなる。

製品１つ当たりの変動費は総費用線の傾きに反映されており，製品の価格は売上高線の傾きに反映されている（**図表 7-1**）。仮に販売価格が低い場合には売上高線の傾きがゆるやかになり，売上高と総費用が一致する損益分岐点は右方向に移動する。逆に販売価格が高い場合には売上高線の傾きが急になり，売上高と総費用が一致する損益分岐点は左方向に移動する。

したがって販売価格を高くすると少ない売上数量で損益分岐点に達することができ，逆に販売価格を低くすると売上数量を多くしないと損益分岐点に達しない。そのため販売価格を高くするのが良いと考えがちであるが，価格を高くした場合にその価格で顧客が購入してくれるか否かという問題が発生する。すなわち，損益分岐点売上高を上回ることができる売上高を獲得できる適切な販

図表 7-1　損益分岐点

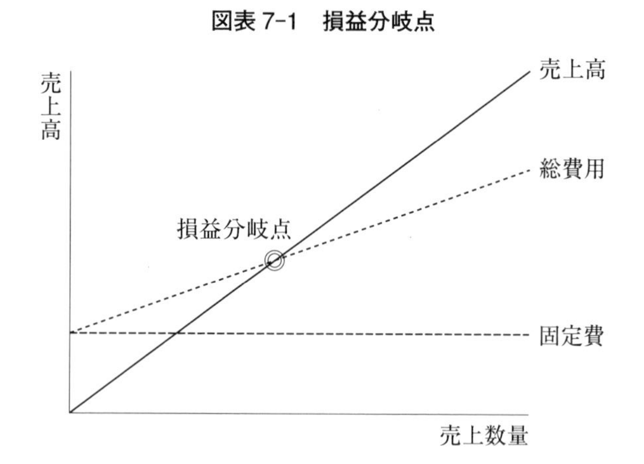

売価格の設定が求められる。損益分岐点を上回る売上高をあげることができないと考えられる場合には，総費用を削減することができないか検討する必要がある。損益分岐点売上高は，次の公式によって算出する。

$$損益分岐点売上高 = \frac{固定費}{1 - \dfrac{変動費}{売上高}}$$

(3)　需要の価格弾力性

ある商品に対する需要は，一般的に価格が高くなれば減少し，反対に価格が低くなれば増加する。価格の変動によって，ある商品の需要が変化する度合いを示す数値のことを価格弾力性という。例えばある商品の価格が10％値上がりしたときに，その需要量が５％減少したとすると，この場合の価格弾力性は0.5となる[5)]。

すなわち価格弾力性の数値が１より大きいと弾力性が大きいといい，反対に１より小さいと弾力性が小さいという。一般的にお米や野菜などの生活必需品は弾力性が低く，反対にファッション衣料や宝飾品は弾力性が高いと言われている。

需要の価格弾力性は，次の公式によって算出する。

$$価格弾力性 = \frac{需要の変化率}{価格の変化率} = \frac{\dfrac{売上数量の変化量}{売上数量}}{\dfrac{販売価格の変化額}{販売価格}}$$

3. 価格戦略

（1） 小売業における価格戦略[6)]

① 正札価格戦略

正札価格戦略は，どの顧客に対しても，その小売業が決めた価格で販売する価格戦略である。どの顧客にも同じ価格で販売するために顧客からの信頼を得ることができる価格設定である。世界で最初に正札価格戦略を始めたのは，越後屋（現在の三越）であると言われている。世界的には，百貨店（デパート）の誕生により正札価格戦略が普及した。百貨店が誕生する前の小売業では，顧客ごとに販売する価格が異なることが一般的であり，売買の都度，小売業と顧客が価格交渉していた。

正札価格と同じ意味で用いられる価格として定価があるが，定価は再販売価格維持契約を結んだ商品の価格に使われるものであり，正札価格とは異なり，メーカー希望小売価格とも異なる。

② 端数価格戦略

顧客の心理的な効果を考えて，98円とか980円というような端数をつけた価格で販売する戦略である。きりの良い価格から少し値引いた価格で販売する戦略であり，スーパーマーケットなどでよく利用されている。そのため顧客は安く感じることが多いが，スーパーマーケットの定番商品（ゴンドラに陳列されている商品）は，実際にはそれほど安い価格で販売されていない。

ある研究によれば，顧客は価格を四捨五入でなく「左から右に」読んだまま捉える傾向があるという。すなわち1,000円と980円は，20円の差であるが，小売業においてその差が顧客の購入に及ぼす影響は大変大きいため，この価格戦略が採用される。

③　慣習価格戦略

顧客が購入しやすい価格を設定し，商品の内容量をその価格帯にあわせるようにして販売する戦略である。たとえば缶飲料やペットボトル飲料を自動販売機で販売する際によく利用される価格戦略である。

④　段階価格戦略

価格の幅が多い商品を，高級品・中級品・普及品といったような3段階程度のよく売れる価格帯に絞り込んで販売する戦略である。同じような商品であまりに多くの価格があると顧客が商品選択する際に迷ってしまうために，顧客の利便性を考えた価格戦略である。うなぎ屋でのうな重の松・竹・梅はその代表例であり，日本人の多くは真ん中の価格を選択する傾向があると言われている。

⑤　均一価格戦略

仕入価格の異なる商品を，同一の価格で販売する戦略である。100円ショップや特定の売り場での1,000円均一などが，その代表例である[7]。

⑥　割引価格戦略

メーカー希望小売価格や自店通常価格から一定率を割り引いた価格をつけて販売する戦略である。この価格戦略は，衣料品や家電製品の売場で利用されることが多い。

⑦　特別価格（特価）戦略

顧客を集客するために，特定の商品を仕入価格より安く販売する戦略であり，周年祭やスーパー等の新店舗開店などにおいて用いられる価格戦略である。

ただし仕入価格を下回る価格での販売（不当廉売）を継続した場合，他の小売業に影響を及ぼすとして独占禁止法（私的独占の禁止及び公正取引の確保に関する法律）違反となることもある。

⑧　見切価格戦略

生鮮食品や季節商品を売り切るため，または取り扱いを中止する商品を売り切るために，通常の価格より大幅に値引きして販売する戦略である。スーパーマーケットが閉店時間近くに総菜などを値引き販売するのはこの戦略である[8)]。

⑨　名声価格戦略

その商品が高品質であることを顧客に連想させるために，高価格をつけて販売する戦略である。主に高級ブランド商品で採用される戦略である。

こうした商品においては端数価格設定しない方が，よりブランド性を訴求することができる。逆にこうした商品を安売りするアウトレットストアなどでは，端数価格設定が有効である。

⑩　ハイ＆ロー・プライス戦略（High And Low Price）

スーパーマーケットやドラッグストアなどにおいて，顧客を集客するために実施する価格戦略である。日替わり特売，週間特売などであり，特売時以外は価格が上がるため，消費者からの価格不信につながるとともに，メーカーにとってはブランド力の低下につながるというデメリットがある。日本の小売業の多くが実施している。

⑪　エブリデー・ロー・プライス戦略（Everyday Low Price：EDLP）

商品や日時を限定することなく，小売業が常時低価格で販売する価格戦略である。アメリカのウォルマートなどが実施している。

(2)　メーカーにおける価格戦略[9]

①　建 値 制

メーカーが設定する各流通段階における製品の価格体系である(**図表7-2**)。メーカー希望小売価格を基準として，小売業が卸売業から仕入れる価格（メーカー希望卸売価格）と卸売業がメーカーから仕入れる価格（メーカー出荷価格）をメーカーが設定するものである。建値制は各段階における標準価格体系となることから，水平的段階における価格競争を防ぐためのものとして設定された。

図表7-2　建値制の例

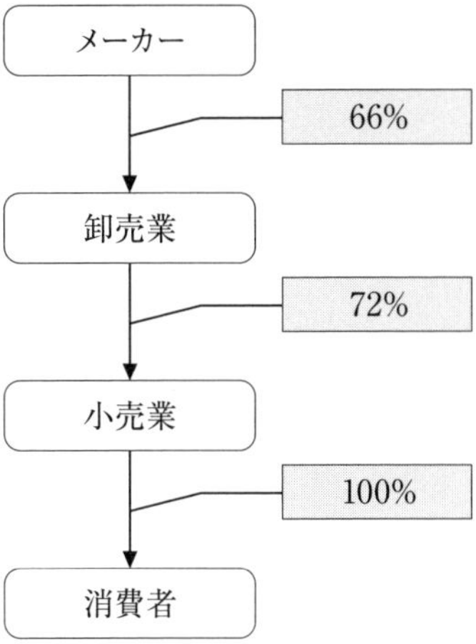

メーカー
66%
卸売業
72%
小売業
100%
消費者

②　オープン価格制

特に家電製品や冷凍食品の安売り競争により，メーカー希望小売価格が形骸化しブランド価値の低下をもたらしたため，各流通段階における価格設定権をそれぞれの流通業者にゆだねる価格体系である。メーカーはメーカー出荷価格のみを設定し，卸売価格は卸売業に，小売価格は小売業に価格設定をまかせる戦略である。

消費者は小売業の店頭でメーカー希望小売価格よりかなり安く販売されていると，その商品のメーカー希望小売価格を信じなくなり，ブランド価値が下がったように思われてしまうデメリットがメーカー側にある。逆に小売業側はメーカー希望小売価格とかなり安くした価格を併記することにより，自店が安く販売しているように見せかけるメリットがある。メーカーのデメリットと小売業のメリットの両方をなくすために，オープン価格制の導入が進んでいる。

③　再販売価格維持契約

メーカーなどが流通業者に指定した価格で販売させる契約である。現在は，書籍，雑誌，新聞，レコード盤，音楽用テープそして音楽用 CD のみに再販売価格維持契約が認められており，それ以外の商品で販売価格を拘束すると独占禁止法違反となる。メーカー希望小売価格どおりで販売させなくとも，値引率をメーカーの指定する一定範囲内におさめないと商品を出荷しないということをメーカーが行うことも独占禁止法違反となる。

④　上澄吸収価格戦略

市場導入期にある製品の価格を比較的高い価格で販売する戦略である。新製品の価格にあまり敏感でない顧客に対し高価格で販売することで，製品開発費や販売促進費そして広告宣伝費を早期に回収しようとする戦略である。競合製品が参入してきた際には，価格を引き下げて対抗するのが一般的である。主に革新的新技術を採用した家電製品などで利用される。

⑤　浸透価格戦略

市場導入期にある製品を早期に市場に浸透させるために低価格で販売する戦略である。低価格で一気に市場を独占し，競合企業の参入を防ぐ戦略である。

⑥　ジレット・モデル戦略

ジレット・モデル戦略とは，商品本体を無料もしくは低価格で提供し，消耗する附属品を販売することにより，継続した収益を維持しようとする戦略である。アメリカの安全カミソリメーカーであるジレットが始めたことから，この名で呼ばれている。髭を剃るたびに替え刃の刃が欠けてくるため，替え刃を購入する必要が出てくるという性質を利用した戦略である。

個人用のパソコンにプリンターをセットにして安く販売するのも同じ戦略である。

(3)　最近の価格戦略動向

①　ダイナミックプライシング

ダイナミックプライシングとは，供給量と需要量に応じて価格を上下させる戦略である。昔から旅館やホテルなどの宿泊施設や飛行機などの交通機関は，週末や大型連休期間中は利用者が多いことから，そうした時期は価格を高くしている。それをスポーツ観戦などにも取り入れる動きがある。同プライシングは価格の上下変動の頻度を宿泊施設や交通機関よりも高くしている点が特徴である。

人が頻繁に価格の上下変動を行うためには供給量と需要量を正確に予測する必要があり，経験を積まなければならない。最近はAIが代行するようになり同プライシングが行いやすくなった。

②　サブスクリプション

サブスクリプションとは，商品やサービスをその都度お金を支払って購入するのではなく，1ヵ月など一定期間分の代金を先払いしその期間内はどれだけ利用しても追加料金を支払わなくてもよい価格戦略である。電車やバスなどの交通機関の定期券に似た価格戦略である。

5Gの普及で高速・大容量の通信が可能になったことにより，音楽配信や動画配信にも利用範囲が広がった。特に音楽配信や動画配信では固定費が一定のため，サブスクリプションで利用者が増えれば収益を拡大することができる。CDやDVDのように記憶媒体を流通させる必要がないため，仲介業者（卸売業・小売業）や運送業者が必要ないこともあり，利用者が増えるほど企業の収益は拡大する。

飲食店でもサブスクリプションの導入が進んでいるが，コーヒーやラーメンなどでは1日1杯までと利用制限されることが多い。それは原材料などの変動費が必要になるからである。

(4) 価格における問題[10)]

① 二重価格表示

実際の販売価格に，メーカー希望小売価格や自店通常価格等を併記して，安さを強調する価格表示である。ただし，自店通常価格などで販売した期間が短い場合には景品表示法（不当景品類及び不当表示防止法）違反となることもある。この価格表示は，衣料品や家電製品においてよく利用されている。

② 価格カルテル

ある小売業者が売上拡大のために価格を引き下げると，競合する小売業者も価格を引き下げることで，価格引き下げ競争となり双方の小売業者が共倒れとなることもある。それを避けるためにメーカー間や卸売業者間そして小売業者間で販売価格の協定を結ぶことを価格カルテルという。価格の不当な維持ならびに引き上げを目的としたカルテルは企業間の自由な競争を妨げ，公共の利益に反するため独占禁止法違反となる。

原材料費の値上がりなどにより価格の維持が厳しくなった場合に，ビール業界や清涼飲料業界などでは市場シェアの高いメーカーが率先して価格の引き上げを行うことがある。市場シェアの高いメーカーが価格を引き上げると，他のメーカーも追随して値上げすることがあり，これを価格指導制（プライス・リーダーシップ）という。

③ 抱き合わせ（バンドル）販売

ゲームソフトの販売などにおいて，人気があり良く売れるソフトとあまり売れないソフトをセットにして販売することによって，売上増加を図る価格戦略である。ゲームソフトにおける抱き合わせ販売も節度をこえた場合には，独占禁止法違反とされたこともある。

4.　競合における価格戦略

(1)　競合・代替品の価格

顧客はより良い商品，より自分の好みにあった商品を購入しようと考える。しかしながら自分の好みにあった商品の価格が高すぎる場合にはその商品を購入することをあきらめ，自分が妥当であろうと思う価格の商品を購入する。したがって競合する商品の販売価格は競合・代替品と比較した上での顧客の価値に応じて相対的な関係を持つ。すなわち競合・代替品の価格が高ければ自社の価格を高く設定することができるが，逆に低ければ自社の価格を低く設定せざるを得ない。これはメーカーだけでなくスーパーマーケットなどの小売業にもおいても同様である。小売業のイメージ・店舗のつくり・レジでの接客・店員の服装などが競合する小売業よりも高い場合には，高い価格を設定することができるが，逆に低い場合には安い価格設定をせざるを得ない。

この場合に留意すべき点は，競合・代替品が何かを明確に把握することである。ただ単に似た製品であるから，近くにある同じ業態の店舗であるから競合・代替品の関係にあると考えるのではなく，顧客が「どちらにしようか」と考える場合に競合・代替品関係が発生する。

(2)　競合からの価格競争への対応

メーカーや小売業における価格設定は，競合・代替品の価格が規定要因として作用する。したがって競合・代替品の価格が変更されれば，自社の価格も変更する必要が生ずる。価格はマーケティングの４Ｐの中では比較的変更することが容易であるとともに，顧客の識別能力（反応力）が高いことから競争手段として利用されることが多い。すなわち「価格競争」という戦略が採用されやすい。

そこで，競合から価格競争という攻撃を受けた場合の対応について考えてみる。ここでは，理解しやすくするため競合メーカーからの価格競争への対応について考える[11)]。

まず競合メーカーの地位（売上高・知名度）が自社よりも相対的に劣っており，そのメーカーから価格引き下げ競争を受けた際には，価格引き下げ戦略に必要なコストが，その戦略を実施しない場合に生ずるであろうと考えられる売上減少分を上回っている場合には，競合メーカーからの価格引き下げ競争を無視することが良いと考えられる（**図表 7-3**）。なぜなら，その価格引き下げ戦略に必要なコストの方が大きいために自社の利益がより多く減少してしまうからである。

次に競合メーカーの地位が自社よりも相対的に劣っているという同じ条件下でも，価格引き下げ戦略に必要なコストが，その戦略を実施しない場合の売上減少分よりも少ない場合には，価格引き下げ戦略を実施すべきであると考えられる。それにより競合メーカーの売上増加をある程度阻止することができるとともに，競合メーカーの利益減少につながるからである。

さらに競合メーカーの地位が自社と同等もしくは自社よりも相対的に優れて

図表 7-3　競合企業からの価格競争への対応策

〈価格競争への対応コスト〉＼〈競合企業の地位〉	劣　位	同等もしくは優位
過　大	無　視	適　応
適　正	反　撃	防　御

出所：池尾〔2010〕p.450 を筆者修正。

おり，そのメーカーから価格引き下げ競争を受けた際には，価格引き下げ戦略に必要なコストが戦略を実施しない場合に生ずるであろうと考えられる売上減少分を上回っている場合には，同等の地位のメーカーの場合には価格引き下げ競争が泥沼のように続くことが考えられ，また自社より優れているメーカーの場合には価格引き下げ競争を実施しても企業体力的に負ける可能性があるため，積極的な価格引き下げ競争をするのではなく，適切な対応（適応）をするのが良いと考えられる。

最後に競合メーカーの地位が自社と同等もしくは自社よりも相対的に優れており，そのメーカーから価格引き下げ競争を受けた際には，価格引き下げ戦略に必要なコストが，戦略を実施しない場合の売上減少分よりも少ない場合には，競合メーカーの価格引き下げ戦略の効果を減少させるために，自社の価格も引き下げるという防御戦略をとるのが良いと考えられる。

5.　インターネットの普及が及ぼす価格戦略への影響

近年インターネットの普及が企業の価格戦略に大きな影響を及ぼしている[12)]。

第１に顧客は店舗に直接訪れることなく，多数の小売業の価格を比較することができることである。例えば顧客が購入したいと思う家電製品の型番がわかっていて，「価格.com（企業名：カカクコム）」で検索すると，一番安い価格を提示している小売業を簡単に見つけ出すことができる。これまで顧客は自分の住んでいる周辺の小売業で販売されている価格で購入するしかなかったが，日本中で一番安い価格で購入することができるようになった。ネットでは商品を直接見て購入することができないという欠点があるが，これも近くの小売店舗で実際の商品を見てさらに販売員の説明を受けた上で，ネットで最も安く購入することもできる。これはネットで販売する小売業が商品説明を他の小売業にフリーライドしているという問題が発生するが，顧客側がそのようなことを考えることは少ない。すなわち店舗を持たず無店舗で販売する小売業は商品陳列や商品説明は他の小売業にフリーライドすることによって，自らはそれらの経費が不要なため，ネットで低価格販売するという戦略を採用することができることを意味している。

第２に顧客が価格提示して，それに応じてくれる企業を探すことができるようになったことである。アメリカのプライスライン.com は，顧客が航空券やホテルの宿泊について利用日・移動区間・宿泊地域を明確にした上で希望購入価格を提示すると，売り手である航空会社・ホテルなどがその価格で販売するか否かを決定するサイトである。飛行機やホテルの予約では利用日よりかなり早期に予約すると安く，利用日近くになると高くなり，利用日直前に空きがあると最も安い価格設定がなされることを利用したものである。顧客の方から価格提示することはできないが，日本でも「るるぶ」や「じゃらん」などの旅行予約サイトにおいて，かなり早期に予約すると安く予約できる。

第３に無料化である。無料の携帯電話ゲーム，スマートフォン用の無料アプリ，無料アプリの中でも通信やメールを無料で利用できる「LINE」といったように無料で利用できるものが多数存在するようになった。これによって，それらを有料で販売していた企業に大きな影響を及ぼしていることは明らかである。

第４にアマゾンなどによるリコメンデーションである。これは直接的な価格の問題ではないが，他の顧客グループと同じような購買傾向を持つ顧客に対し，まだ購入していない商品を奨めることで売上拡大につなげることができるようになった。価格競争が激しいネットにおいて，他の商品も一緒に購入してもらうことができれば売上げと利益が増加するだけでなく，配送料金も分散することができるというメリットがある。

第５にネットオークションで価格を交渉したり，販売することができるようになったことである。自分のコレクションである希少品などを簡単に購入することができたり，逆に不要な希少品などを簡単に販売することができるようになった。これは商圏が広がることで希少品を安く購入できたり，逆に高く販売することができるようにもなったことを示している。

【課題レポート】

① 携帯電話ゲームやスマートフォン用の無料アプリが，無料である理由について述べなさい。そのことにより，どのような問題が発生するかについても述べなさい。

② コンビニエンス・ストアのお弁当と競合関係にあると考える小売業・飲食業・サービス業を取り上げ，それらがなぜ競合関係にあるか述べなさい。

【復 習 問 題】

① 慣習価格戦略で販売している商品を挙げなさい。

② 抱き合わせ（バンドル）販売している商品を挙げなさい。

＜注＞

1）池尾〔2010〕p.440。
2）池尾〔2010〕p.440。
3）日本商工会議所・全国商工会連合会編〔2016〕pp.72-73。
4）池尾〔2010〕pp.441-442。
5）池尾〔2010〕pp.444-445。榊原〔2011〕pp.87-89。
6）榊原〔2011〕pp.89-92。日本商工会議所・全国商工会連合会編〔2016〕pp.73-75。
7）一時期，脚光をあびた「100円生鮮コンビニ」で菓子パンの仕入価格表を見せてもらったことがあるが，同じパンメーカーでも商品によって価格が異なっていた。
8）コンビニエンス・ストアでも定番商品からカットされた商品をレジ周辺で安く販売していることがある。
9）池尾〔2010〕pp.442-443。榊原〔2011〕pp.93-95。
10）榊原〔2011〕pp.96-97, pp.103-106。日本商工会議所・全国商工会連合会編〔2016〕p.75。
11）池尾〔2010〕pp.448-450。
12）Kotler and Keller〔2006〕（訳書 p.538）．丸山〔2011〕p.43。

＜参考文献＞

池尾恭一〔2010〕「マーケティング」池尾恭一・青木幸弘・南知恵子・井上哲浩『マーケティング』有斐閣。
懸田豊・住谷宏編〔2016〕『現代の小売流通（第２版）』中央経済社。
Kotler, P. and K. L, Keller〔2006〕*Marketing Management,* 12th ed., Prentice Hall.（恩藏直人監修，月谷真紀訳〔2008〕『コトラー＆ケラーのマーケティング・マネジメント（第12版）』ピアソン・エデュケーション）。
榊原省吾〔2011〕「価格戦略」，西田安慶・城田吉孝編『マーケティング戦略論』学文社。
日本商工会議所・全国商工会連合会編〔2016〕『販売士ハンドブック（基礎編）　リテールマーケティング（販売士）検定試験３級対応―②マーチャンダイジング―』カリアック。
丸山正博〔2011〕『電子商取引の進展　ネット通販とｅビジネス』八千代出版。

第8章

プロモーション戦略の基礎

本章のねらい

マーケティングにおける「4P」のうち，3つめのPがこのプロモーション(Promotion)である。企業はなぜプロモーションを行うのだろうか。プロモーションで何を得ようとしているのだろうか。そしてどのような戦略で行っているのだろうか。

本章では，企業が行うプロモーション活動がどのような戦略で行われているのかを理解することを目標に，まずプロモーションおよび基本的なプロモーションツールの役割について，次にプロモーション戦略立案と管理，そして評価について学ぶ。最後に，企業のプロモーション活動が国際化していることを踏まえ，国際プロモーション戦略についても習得する。

キーワード

広告，販売促進，パブリック・リレーションズ，人的販売，
ダイレクト・マーケティング，統合型マーケティング・コミュニケーション

1. プロモーションとは

プロモーションとは，商品やサービスを販売したい相手であるターゲット消費者に対して，メッセージを発信するあらゆるコミュニケーションおよびコミュニケーション・ツールのことである。メッセージとは，自社商品やサービスに興味を持ってもらう，実際に購入してもらう，繰り返し購入してもらうために，ターゲット消費者に対して発信する情報のことである。つまり，プロモーションはコミュニケーションによって消費者需要を喚起し，また需要を維持するためのマーケティング活動である。

このプロモーションのやり方は一様ではない。例えば，A という商品を認識している消費者には，競合商品・サービスとの違いといった購入動機となる付加価値を情報として発信することが主体となる。一方，同商品を認識していない消費者に対しては，最初にその商品やサービス自体を認識してもらえるような情報を発信することが必要となる。よって，プロモーションは，まず誰にどのような情報を発信すべきなのかを考えることになる。次に，ターゲットとなる消費者にいかに伝えたい情報を発信し，商品・サービスの価値を認識させ，消費意欲を増加させるかを考えることが必要である。商品・サービスの種類や内容，またターゲットとしたい消費者層の当該商品・サービスへの認知度や欲求度合いなどにより，コミュニケーションのために利用するツールも異なる。このプロモーション活動におけるコミュニケーション・ツールとは，①広告，②セールス・プロモーション，③パブリック・リレーションズ，④人的販売などである[1)]。では，これらプロモーション・ツールの役割と特徴を見ていこう。

(1) 広　告

広告は媒体を通じて伝達するメッセージのことである。広告媒体には様々な種類がある。新聞，雑誌，ラジオ，テレビのマスコミ 4 媒体，看板やポスターなどの屋外広告，電車やバスなど交通機関内の吊り広告に代表される交通広告，新聞の折込広告（チラシ），店先の POP 広告，街頭でも配布されるフリーペーパー，さらには郵送で自宅に送られてくるダイレクトメールも広告媒体である[2)]。

どのような媒体が広告に利用されているのかを知るために，日本における広告支出と内訳を見てみよう（**図表 8-1**）。株式会社電通が「日本の広告費」で発

図表 8-1　日本の媒体別広告費と構成比

	広告費（億円）			構成比（%）		
	2020 年	2021 年	2022 年	2020 年	2021 年	2022 年
総広告費	61,594	67,998	71,021	100.0	100.0	100.0
マスコミ 4 媒体広告費	22,536	24,538	23,985	36.6	36.1	33.8
新聞	3,688	3,815	3,697	6.0	5.6	5.2
雑誌	1,223	1,224	1,140	2.0	1.8	1.6
ラジオ	1,066	1,106	1,129	1.7	1.6	1.6
テレビメディア	16,559	18,393	18,019	26.9	27.1	25.4
地上波テレビ	15,386	17,184	16,768	25.0	25.3	23.6
衛星メディア関連	1,173	1,209	1,251	1.9	1.8	1.8
インターネット広告費	22,290	27,052	30,912	36.2	39.8	43.5
媒体費	17,567	21,571	24,801	28.5	31.7	34.9
うち 4 媒体由来のデジタル広告費	803	1,061	1,211	1.3	1.6	1.7
物販系 EC プラットフォーム広告費	1,321	1,631	1,908	2.1	2.4	2.7
製作費	3,402	3,850	4,203	5.5	5.7	5.9
プロモーションメディア広告費	16,768	16,408	16,124	27.2	24.1	22.7
屋外	2,715	2,740	2,824	4.4	4.0	4.0
交通	1,568	1,346	1,360	2.6	2.0	1.9
折込	2,525	2,631	2,652	4.1	3.9	3.7
DM	3,290	3,446	3,381	5.3	5.1	4.8
フリーペーパー・フリーマガジン	1,539	1,442	1,405	2.5	2.1	2.0
POP	1,658	1,573	1,514	2.7	2.3	2.1
展示・映像ほか	3,473	3,230	2,988	5.6	4.7	4.2

出所：株式会社電通〔2023〕。

表した2022年度の日本の総広告費は，7兆1,021億円であった。そのうちマスコミ4媒体の広告費は，2兆3,985億円と全体の約3割を占め，その中ではテレビ広告費が最も大きい。

日本においては，2010年代まではテレビなどマスコミ4媒体への広告支出が多かった。そのためマスコミ4媒体は4大メディアとも呼ばれた。しかし，その4媒体を上回る広告費を計上する媒体が登場した。それはインターネットである。インターネットの普及に伴い，企業等はインターネットを広告媒体として利用するようになった。総広告費に占めるインターネット広告費は，2005年には5.6%にすぎなかったが，2016年には20.8%と全体の2割を超えた。そして，2019年には媒体別で広告費が最大であったテレビを，2021年にはマスコミ4媒体の広告費合計も上回り，インターネットは広告費において最も大きな媒体になったのである。

それは世界的に見ても，同じ傾向にある。日本と同様に，アメリカやイギリス，ドイツ，中国などの国々も，かつてはテレビや新聞などマスコミ4媒体の割合が最も大きかった。しかし，徐々にインターネット広告費の割合が高くなった。電通グループが発表した「世界の広告費成長率予測（2023～2025）」によると，世界の媒体別広告費構成比において最も大きいのは，デジタル媒体になっている（**図表8-2**）。

図表8-2　日本と世界の媒体別広告費構成比（2022年）

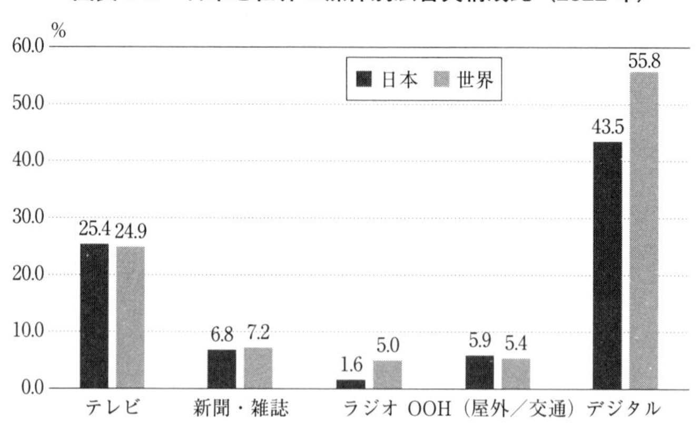

出所：電通グループ〔2023〕，電通〔2023〕。

多くの国で利用されている広告は,「広（ひろ）く告（つ）げる」の文字通り，広い地域に分散する多数の消費者にメッセージを届けることができ，また繰り返し同じメッセージを発信することが可能である点が特徴である。より多くの人に商品・サービスを認知してもらいたい，あるいはメッセージを繰り返し発信し，製品・サービスのイメージを向上させたい場合などには広告は有効である[3)]。その一方で，広告は直接的に人を介さない一方的な情報伝達であることから，必ずしも伝わってほしい人にメッセージが伝わるとは限らない。

そのため，伝えたい側は適切な媒体を選択する必要がある。例えば，テレビをよく見る消費者層に自社商品やサービスを伝えたい場合はテレビ広告を，SNSや動画サイトなどを多く利用する消費者層に情報を伝えたい場合はインターネット広告を検討する。テレビ広告は時間帯により視聴者層が異なることから，広告を出稿する時間帯を検討し，インターネット広告はサイトにより閲覧者層が異なることから，どのサイトに広告を出稿するのかを検討する。また，媒体への出稿費用も異なる。テレビ広告は，映像や写真，音などを駆使して商品やサービスを巧みに演出し，アピールすることが可能であるが，全国ネットのテレビ広告になると多額の費用がかかる。それに比べると，インターネット広告は費用が安いことから，媒体利用にかかる費用も考慮する必要がある。

このように，企業等が広告を行う際には，当該商品やサービスにとってどの媒体をどのようにどのくらい利用することが適切かを検討しなければならない。

(2)　セールス・プロモーション

セールス・プロモーション（Sales Promotion）は，販売促進とも呼ばれる。顧客あるいは一般的な消費者に対して，商品・サービスを販売したい企業が直接的に情報提供をし，それにより購入欲求を高める手段のことである。セールス・プロモーションのツールは，割引，クーポン券の提供，景品の添付，各種イベント，カード会員向けのポイント付与など多様化している。これらツールは，消費者に対して広告よりも直接的に情報が提供され，付加価値が訴えかけられるものである。割引や景品，ポイント付与などは，その時点で付加価値を享受することができることから，消費者の購入意欲を即座に高め，購入を促すことができるというメリットがある。しかし，これらプロモーションの多くは長期的に継続はしない。例えば，一年中同じ商品を割引販売はしない。クーポン券も常時配布するわけではない。よって，割引した時点，あるいはクーポン券が配布された時点など短期間の活動においては効果があるものの，プロモーション終了後も消費者がその商品・サービスに対して高い購入意欲を持ち続け，継続的に購入することへの効果が持続するとは限らない。その点は考慮しなければならない。

また，このセールス・プロモーションは消費者だけではなく，流通チャネルあるいは社内の営業担当者に向けても提供される。流通チャネルに対してのセールス・プロモーションとは，卸売業者や小売業者への販売促進活動を指す。例えば，販売数量に応じた報奨金などである。流通チャネル内で行われることから，一般の目には触れないことが多い。社内の営業担当者向けとは，営業部隊の販売意識を高めるために行う活動のことで，社内販売コンテストの実施や販売マニュアルの作成と実施などが例として挙げられる。

(3) パブリック・リレーションズ

パブリック・リレーションズ（Public Relations ; PR）は「広報」と訳され，その活動は広報活動，または略して PR 活動と呼ばれることが多い。広報活動とは，企業をはじめとする組織が株主や取引先，一般消費者など関係者に対して自社の情報（企業情報，製品情報，社会的活動情報，投資家向け情報など）を提供し，適切な関係を保つための活動である。それは，自らがホームページを通して発表したり，冊子を発行したりすることだけではない。新聞や雑誌，ラジオやテレビなどの報道機関に情報を提供し，記事やニュースとして企業活動や自社商品・サービスの情報を報道してもらうことも広報活動である。これをパブリシティという。これには，報道機関による取材に対応し，ニュースになる場合も含まれる。

広告と広報は，ともに広い地域に分散する対象者に向けて情報を発信する力を持つ。では広告と広報の違いはどのようなところにあるのだろうか。まず，中立性である。広告は企業側が自ら発信する一方通行な情報伝達である。一方，広報活動により情報がニュースや記事となるパブリシティは，報道機関という第三者の目で提供される情報である。そのため，消費者など情報を受けとる側にとっては，中立的かつ公正な情報であると認識され，記事情報に対する信頼性は高い。

次にコストである。広報は広告に比べて，少ないコストで人々に情報を伝えることができる。情報を収集して流すこと，情報を管理すること，それらを行うスタッフを雇うことにコストはかかるが，数千万，数億円もかかる広告に比べれば，はるかに少ないコストで済む。しかも，報道機関が記事やニュースとして取り上げてくれた場合には，広告と同じくらいの効果を発揮する。ただし，掲載の確実性が異なる。広告は条件が整えば，例えば新聞広告であれば，掲載したい時期に掲載したいページ数分だけ広告を掲載することが可能である[3)]。一方，パブリシティは必ず報道されるとは限らない。報道機関が，記事やニュースにしたいと思うような興味深い話題でなければ，報道されない。広告に比べると，確実性には乏しい点は，注意しておかなければならない。

（4）　人的販売

人的販売とは，顧客あるいは潜在消費者に対して直接的に製品情報を提供し，購入意欲を増すように働きかけ，説得する行動である。販売員が直接情報を伝達し，実際に消費者が購入するところまでサポートする活動であることが，媒体を通じて商品情報を伝達する広告などとは異なる点である。販売員が直接顧客対応をするため，媒体を通じて情報を伝達するよりも即時効果が期待されるが，情報伝達力や販売サポート力など販売員個人の資質能力によって成果が左右される部分も大きい。よって，販売員は消費者や顧客とコミュニケーションをとり，関係を築いていくことができるように，販売のエキスパートとしての販売員教育訓練を受けている。例えば，ある企業では販売員の仕事時間のうち，30％が消費者や顧客とのコミュニケーションにかかる時間で，残りの70％は製品情報収集や販売技術の向上などの教育訓練，そして会議などの時間にあてているほど，教育にかけられている時間の割合は大きい[4]。こうした個人の力が集合した販売部隊の管理もまた，人的販売の成否に関わる。販売部隊の責任者は，販売部隊の規模や組織体制，販売員の選出や教育，販売活動の内容などを管理する。企業が販売する商品数や販売地域により，部隊の組織を製品別や地域別に管理することもある。また，販売員が個人で行動するのではなく，必要に応じて複数人によるチームとして行動するほうが効果的となる場合もあるだろう。その際も責任者の管理となる。

(5) その他

上記以外にも，ダイレクト・マーケティング，クチコミなどを利用したプロモーション活動も活発化している。

ダイレクト・マーケティングは，すばやい反応を得るために慎重にターゲットを絞った消費者と，直接コミュニケーションを行うものである[5]。そのツールとしては，ダイレクトメール，テレ･マーケティング，カタログ･マーケティング，オンライン・ショッピングなどが挙げられる。とくにダイレクトメールや消費者に直接電話をかけて販売するテレ・マーケティングでは，対象者が個人に絞り込まれる。個人を「1セグメント」とし，それぞれのセグメントに対して異なる情報を発信するのである[6]。

個々人に異なる情報を発信するメリットは何であろうか。ダイレクトメールを例に考えてみよう。それは個々の趣向に合わせたプロモーションを行うことができるということである。そのために，ダイレクト・マーケティングを行う企業は顧客情報を保持するデータベースを構築している。顧客情報には氏名，年齢，所属，住所，そして購入履歴が含まれる。

ただし，このような個別に対応するプロモーションを行うためには，顧客情報管理にコストがかかることを付け加えておきたい。そして，その情報を上手に利用しなければ情報管理コストが経営に重くのしかかってしまう。また，情報は個人情報であることから，管理には細心の注意を払わなければならない。

日本でも近年，企業のデータベースに何者かが不正アクセスをする，あるいは企業内から情報を持ち出すなどの事件が発生した。その結果として顧客情報の流出が起こり，問題となった。顧客情報をプロモーションに有効に活かすためにも，顧客の企業に対する信頼を保つためにも，きちんとした顧客情報管理体制の確立は必須である。

《 事例①：イギリス小売業テスコ社 》

顧客情報を上手に活用している企業であるイギリスの小売業テスコ社の例を紹介しよう。同社が発行する会員プログラムカード「クラブカード」のアクティブ会員は約 1,600 万人である[7)]。イギリス総人口の約 1/4 は同社のアクティブなカード会員ということになり，イギリスで最も大きな会員組織の 1 つである。同社はカード会員の買物履歴をすべてデータベース化し，顧客の買物状況を把握している。そこでは，購入商品名，購入商品数だけではなく，ともに購入している商品や，商品の購入タイミングなども詳細に把握している。これら情報の分析をもとに，顧客の購買意欲を高めるダイレクトメールを送るのである。例えば，ある調味料をよく購入する顧客に対して，その商品がセールになるときにダイレクトメールを送る。あるいは毎週末にワインを購入する顧客に対して，ワインに合うチーズを紹介する情報をダイレクトメールで送る。このとき，ワインにではなくチーズにクーポン券をつけ，ワインとともにチーズの購入も促すのである。そして顧客はチーズを購入すると，クーポン券による割引に加えて，カードにもポイントを付与される。そして，一定ポイントがたまるとバウチャー（テスコの店舗で利用できる金券）と交換することができる[8)]。ダイレクトメールにより，顧客は自分が欲しいと思う商品のお買い得情報やクーポン券つき情報を得るため，購入欲求が高まる，あるいは購入に至る。かつポイントが付与されることから，テスコに繰り返し買物に来ることになる。これを「ロイヤルティ」といい，テスコがイギリス国内のトップ小売業に勝ちあがることになった重要戦略の 1 つである[9)]。

2. プロモーション戦略

このようなプロモーション活動を行うための様々なプロモーション・ツールは，企業の目標，目的に沿って利用される。そのためには，企業は自社の目標，目的に適うプロモーションを行うための計画を立てなければならない。これをプロモーション戦略という。そのプロモーション戦略に沿って，複数のツールを選択し，組み合わせてプロモーション活動を行う。この戦略に合わせたツールの組み合わせのことをプロモーション・ミックスという。

ここでは，プロモーション戦略はどのように立てられて実施されるのか，そしてその実施結果に対する評価測定について見ていく。

(1) 戦略立案

ある企業が新商品を開発したとしよう。このとき，そのプロモーションをいつ，誰が，どこで，何を，どのように，どの程度行うのか，ということを考えなければならない。

そのために主として考えるべきことが3つある。1つめは，目的・目標の設定である。誰にその商品を知ってもらい，買ってもらいたいのか，そのターゲットを設定する。また，全国規模なのか，地域限定なのかといった知名度目標の設定も必要になる。さらには，その商品をどのくらい売りたいのかといった売上高目標の設定も重要になる。企業は利益を上げることが目的であるから，商品開発費，材料費などのコストから計算して，年間の売上高目標や利益目標を設定することは欠かせない。

次に予算である。どんなに知名度を上げたいと考えても，どんなに売上高を高めたいと考えても，予算が足りなければ実行できない。また，プロモーションは，いくら予算があっても，その予算額に応じた結果が得られるとは限らない。多額の予算を投下しても売上高が上がらない場合もあれば，少額の予算で売上高に貢献する場合もある。目標の売上高に対して，どの程度のプロモーション活動費をコストとして組み入れることが適当なのかを決定することは難しい。ゆえに企業ごとに，あるいは商品ごとに広告予算決定の方法は異なる。主な方法として，売上実績または見込みの売上高に対して一定の比率を乗じてプロモーション予算を設定する「売上高比率法（percentage of sales method）」や，同じカテゴリーの商品を販売する競争相手企業が費やすプロモーション予算に合わせて自社の予算を設定する「競合企業対抗法（competitive parity method）」，最初に設定した目的目標に基づいてプロモーション予算を設定する「目標課題法（objective and task method）」，あるいは支出可能な予算をプロモーション予算として設定する「支出予算額可能法（afford method）」などが挙げられる。

企業は最初に目的や目標を設定するため，本来であれば目標課題法によりプロモーション予算を設定できるのが理想である。しかし，競合企業が自社のプロモーション予算よりも大幅に多額の予算を投入した場合，競合企業に合わせる決定を下すこともある。また，売上高に応じてプロモーション予算を設定できれば，費用対コストの面でも効率的に見える。しかし，売上高比率法は，売上高をプロモーションの結果ではなく，販売促進のために売上高があるという見方に基づいていること，また予算がその年の売上高で変動するため，長期計画が難しいなど，万能ではない[10)]。さらに中小企業などになると，目標や競合企業の事情などは反映できず，支出可能な分だけ予算化することもある。この場合，毎年一定の予算を確保できる保証がないため，長期的なプロモーション計画を立てづらい面がある。よって，広告予算の決定方法は，企業ごと，商品ごと，また時期やライバルの有無などにより異なるのである。

そして3つめにプロモーション・ツールの選択である。目的・目標，そしてプロモーション予算に応じて，どのツールを利用するのかを考える。このとき，対象商品を直接消費者の手の届くところまで流通させ，実際に購入してもらえるようにこちらから働きかける「プッシュ」（push；押す）型の戦略と，広告などで広く呼びかけて消費者に商品を購入してもらえるように働きかける「プル」（pull；引く）型の戦略をいかにバランスよくプロモーション活動に適応するかが重要になる。それにより，それぞれのツールにどのくらいの予算をかけることができるのかが決まってくる。

(2) 統合型マーケティング・コミュニケーション

このように，企業はその戦略によって様々なツールを利用し，プロモーション活動を行う。このとき，複数のツールを選択し，それぞれのツールを個別に利用することも多い。しかし，近年ではそれぞれのツールを有機的に相互作用させるという考え方を採用する企業が増えてきている。この考え方は統合型マーケティング・コミュニケーションと呼ばれる。これは，米国広告業協会（American Association of Advertising Agencies）の定義によれば，「様々なプロモーション・ツールが果たす役割を戦略的に評価し，個々の役割で完結せずにそれらを統合して一貫性を持たせることにより，付加価値を高めることを目指したマーケティングコミュニケーション計画」である[11)]。例えば，テレビCMで情報を発信した結果，消費者がその商品に興味を持ち，店に買いに行ったとする。しかし，その店頭には他社商品の情報ばかりでその商品の情報がなかったら，消費者は他社商品を購入してしまうかもしれない。よって，それぞれのツール利用をいつどこでどの程度行うのかを総合的に配置し，相乗効果が期待できるような戦略立案を行い，実施に至ることが重要となるのである。

(3) 評価測定

こうしてプロモーション戦略を立て，実施するのであるが，その評価を行うこともまた重要である。多くの企業は，個別プロモーションツール実施の成果としての広告出稿量や，広報活動による掲載紙誌数などを確認する。広報活動による掲載紙誌については，広告にするとどのくらいの値段価値があるのかを換算し，評価する。また，それぞれの活動に対するコスト，活動結果としての売上高や利益高など数量的な把握を行い，評価する。店頭プロモーション活動による顧客の反応や反省点などについて，得意先である各店からレビューを得ることも多い。さらに，消費者にアンケート調査を行い，その商品やサービスへの評価を確認する企業もある。これらをもとに，翌年のプロモーション戦略や実施計画を練り直し，また中長期の計画やブランド戦略に活かしていく。

《事例②：資生堂「TSUBAKI」[12]》

資生堂のヘアケアブランド商品「TSUBAKI」は2006年に発売された。「TSUBAKI」誕生のきっかけは，同社の100以上あったブランドの集約化を行うと同時に「太く・長く」愛されるブランド，いわゆるメガブランドの育成を目指したことにある。その1つが「TSUBAKI」であった。そのため，プロモーション目標としては，新しいブランドの認知とブランドのもつ価値観の認知，そして新商品売上高の向上であった。同時に，TSUBAKI開発等にかかった投資費用を3年間で回収するという目標も定められた。そこから必要なプロモーション費用が設定されたが，それは同社が「かつてない規模」と表現するほどの金額であった。大々的なTV広告，新聞広告を展開し，全国規模のマス広告を行った。また，広告宣伝に登場した女優をイベントで登場させると，TVや新聞などのパブリシティが報道し，その情報は全国に伝わることになった。それと同時にサンプルの配布，スーパーやドラッグストアなど店頭プロモーション活動などを行った。しかも，これらの活動は個別に行われたわけではない。事業部間の調整はもとより，事業部の枠組みを超えての活動であり，ブランドを確立するための全社的なプロジェクトとして行われた。その結果，発売した初年度の店頭出荷額が180億円と計画の1.8倍を達成し，3年間で回収する予定であった投資額は初年度で達成できた。商品開発力や営業力などもあるが，強力なコミュニケーション活動もこの成果に貢献したと同社は評価するとともに，プロモーション後にその効果を測定する調査を行い，さらなる顧客満足度とブランド価値を高めるための指標としている。

3. 国際プロモーション戦略

商品やサービスが国境を越えることも，今や珍しいことではなくなった。海外で商品やサービスを提供するようになると，プロモーション活動も国際化する必要が出てくる。オリンピックやサッカーワールドカップの公式スポンサーは，より多くの国・地域市場の消費者に情報を伝達することを目的とした国際プロモーション活動の一例である。例えば，2001年にサッカーワールドカップの公式スポンサーとなったAVAYA（アバイア）という会社がある[13)]。アメリカに本社があるコールセンターや通信ネットワーク構築などに携わる通信機器ベンダーで，世界50ヵ国市場に納入している実績などから通信業界では知られた存在ではあった。しかし，同社は当時ルーセント・テクノロジー社から分離独立したばかりの新しい企業であった。そこで，企業認知度向上を目的の1つとして，全世界が注目する大会のスポンサーになったのである。すると，まず世界各国のメディアがスポンサー契約発表や，AVAYAによる大会運営用に構築するネットワークの情報などを報道した。そして大会開催時には，競技場内のAVAYAの看板が観客やテレビ視聴者に注目された。これにより，目的である企業認知度は飛躍的に向上した[14)]。

このように見ると，国際プロモーション活動は，難しいことではないと思われるかもしれない。しかし，国境を越えての活動は，国内でのプロモーション活動と同じでは成り立たない。やり方を間違えると問題が起こることもある。とくに，文化習慣の相違は考慮しなければならない。当該市場の文化習慣を無視すると消費者に受け入れられないからである。例えば，非公用語によるプロモーション活動では現地の消費者には意味が通じず，情報が伝わりにくい。先に例として挙げたAVAYAも，日本国内でテレビ中継された日本戦では，競技場内に「アバイア」とカタカナ表記の看板を出す配慮をしている。さらに，国境を越えての活動では，本国と当該市場との連携も必要になる。本社のマーケティング部門と海外進出市場先の子会社のマーケティング部門との間における意見交換の緊密性，情報伝達の正確性そして意思決定の迅速性が，国際的な競争市場環境におけるプロモーション活動の成果につながるからである。

【課題レポート】

① 興味のある企業1社を挙げ，どのようなプロモーション活動を行っているかを調べてまとめなさい。

【復 習 問 題】

① セールス・プロモーションとは何かを説明しなさい。

② 広告とパブリック・リレーションズ（広報）の違いについて説明しなさい。

<注>

1) ホームページやTwitter, Facebookなどを活用したインターネット・コミュニケーションなども，プロモーション活動のツールとして活用されている。これらについての詳細は第10章にて取り上げる。
2) ダイレクトメールについては，第1節第5項にて取り上げる。
3) 広告は料金さえ支払えばどのような内容でも掲載されるわけではない。例えば，日本新聞協会では新聞広告倫理綱領および新聞広告掲載基準を定め，「真実を伝えていないもの」「紙面の品位を損なうもの」「関係諸法規に違反するもの」についての広告は掲載しないように努めている（一般社団法人 日本新聞協会ホームページ「新聞広告倫理綱領 / 新聞広告掲載基準」より）。
4) Kotler〔1999〕p.112.
5) Kotler and Armstrong〔1997〕（訳書〔2000〕p.499).
6) Kotler〔1999〕p.115.
7) Tesco Annual Report and Financial Statement 2012より。アクティブな会員とは，そのカードを定期的に利用している会員のことを指す。
8) 2009年には5億2,900万ポンド分のバウチャーを発行した（2010年2月8日付イギリスBBC放送 “Who wins with supermarket loyalty cards?” より）。
9) Rowley〔2005〕.
10) Kotler and Armstrong〔1997〕（訳書〔2000〕p.490).
11) Kotler and Keller〔2008〕p.531, Belch and Belch〔2003〕p.9.
12) 株式会社資生堂アニュアルレポート2007，株式会社資生堂ホームページ「株主・投資家向け情報／主要なESGに関する非財務情報」ブランドマネジメントより。
13) 男子サッカーにおける2002年の日韓ワールドカップ，2006年のドイツワールドカップに加えて，女子サッカーの2007年における北京ワールドカップの計3大会の公式スポンサーとなった。
14) 日本でも「AVAYAとは」といった会社についての情報を提供するメディアもあった。

<参考文献>

株式会社電通〔2023〕ニュースリリース「2022年 日本の広告費」2023年2月24日付。

株式会社電通グループ〔2023〕ニュースリリース「電通グループ，『世界の広告費成長率予測（2023～2025)』改定版を発表」2023年6月1日付。

Belch, G. E. and M. A. Belch〔2003〕*Advertising and promotion: An integrated Marketing communications perspective,* 6th ed., New York: McGraw-Hill / Irwin.

Kotler, P.〔1999〕*Kotler on Marketing: How to Create, Win, and Dominate Markets*, Free Press.

Kotler, P. and G. Armstrong〔1997〕*Marketing An Introduction,* 4th ed., Prentince Hall International.（恩藏直人監修，月谷真紀訳〔2000〕『コトラーのマーケティング入門』ピアソンエデュケーション。）

Kotler, P. and K. Keller〔2008〕*Marketing Management,* 13th ed., Prentice Hall College Division.

Rowley, J.〔2005〕"Building brand webs: Customer relationship management through the Tesco Clubcard loyalty scheme," *International Journal of Retail & Distribution Management,* 33(3), pp.194-206.

第９章

チャネル戦略の基礎

本章のねらい

マーケティング・チャネル（Marketing Channel）戦略は，特定企業のチャネルのデザインや管理に関する中期的方策である[1]。ここでは，メーカーが自身の製品をどのような方法で消費者に届けるのかを中心に検討する。チャネル戦略は，マーケティングの諸手段の中でも模倣や変更が困難であるため，長期的かつ高度な意思決定と言われている。これを効果的に展開することは，優れた競争優位の源泉につながる。

本章では，主に消費財メーカーを想定してチャネル・デザインと管理について説明していく。まずはメーカーが自身の製品を消費者に届ける際に，自分で届けるか，他人（流通業者）の手を借りるかに関する意思決定であるチャネル・デザインに関して説明し，次にどのように管理・調整を行っていくかというチャネル管理について説明する。そして最後にチャネル管理から協調的な関係の構築を目指した製販連携やチャネルをコミュニケーション手段とした取り組みについて考えていく。

キーワード

直接流通・間接流通，取引コスト，限定合理性，機会主義的行動，
高集中度販路・低集中度販路，長短・広狭・開閉基準，パワー，
取引依存度モデル，建値制，リベート，カテゴリー・マネジメント，
プライベート・ブランド，オムニチャネル

1. チャネル組織化の意義

(1) 直接流通か間接流通か

メーカーが自らの製品を消費者の手元にどのような方法で届けるかは，製品を消費者に自分で販売するか人の手を借りるかといった意思決定である。メーカー自身で販売する場合を直接流通といい，人の手を借りる（卸売業者や小売業者が介在する）場合は間接流通という。もちろん両方の立場を採用する場合もあるが，どの立場を重視するかでチャネル戦略のあり方は決まる。

チャネルは，もともとラテン語で水路や運河などという意味を持つ言葉であるが，マーケティングにおいては，流通チャネルやマーケティング・チャネルという言い方がある。流通チャネルとは，製品が消費者によって使用・消費されるまでの製品の流れを示した経路である。一方，マーケティング・チャネルは，特定企業がマーケティング戦略の目的に沿って自社の製品を消費者に提供していく経路となる。このようなチャネルの特徴は，取引（所有権の移転）に注目した意思決定である。

この意思決定の際には，流通構造が影響する。日本の消費財メーカーにおいては，間接流通という意思決定をする場合が多かった。それは，卸売業者や小売業者を介在させることにより，直接流通以上に製品の取引機会の効果的かつ効率的な創出が可能と考えた企業が多かったからである。

(2) チャネル戦略の基本問題

間接流通を採用する場合，メーカーは販売を担う卸売業者や小売業者といった流通業者を選定しなければならない。もちろん自身の製品をできる限り優先的に販売してくれることが望ましい。しかし，流通業者はメーカーとは異なり，あくまで独立した立場にあるため，流通業者がメーカーの意図どおりに動いてくれるとは限らない。

そのため，流通業者が優先的に特定メーカーの製品を販売してもらうためには，例えばそれなりの報酬を用意することなどが必要となる。こうした流通業者の性格を考慮にいれた上での意思決定をしていかなければならない。

(3)　チャネル・デザインの意思決定課題

直接流通にせよ，間接流通にせよ，流通のどの段階まで自前で構築するのかといった意思決定が必要になる。例えば，すべてを自前で構築するのか，卸売段階までを自前で構築するのか，それとも小売段階までを自前で構築するのかといった問題である。これらは，流通のどの段階まで統合ないし取引を行うかの意思決定である。こうした意思決定を考える際に，コストという観点が参考になる。ここでは，コストをオペレーションと取引という2種類から捉えていく。

オペレーション・コストは，流通における遂行すべき活動に関わる費用である。ある特定の活動を遂行する場合，企業ごとにコストや成果は異なる。それはヒト，モノ，カネ，情報といった企業が保有する経営資源の質や量が企業ごとに異なるためであり，この違いが成果の違いを生み出している。一般的には規模の経済性が働くような活動においては，大規模に操業する専門業者の方が，低いコストでその活動を遂行できる。例えば，輸送に関しては輸送活動に特化している物流企業に任せることで一定品質の輸送サービスを低コストで提供することができるかもしれないし，販売に関しては，卸売業者や小売業者を活用することで低いコストで良い成果を生み出すことができるかもしれない。

取引コストは，取引自体に関連して負担しなければならない費用である。この中には取引相手の探索に関する情報収集費用や取引契約締結に関わる交渉の費用，そして取引が契約どおりに行われたのかを監視するための費用などが含まれているが，これらのコストは，環境が不確実な場合に高くなる。その背景には，限定合理性や機会主義的行動といった要因がある。

限定合理性は人間の将来予測や情報収集・処理能力は限られており，その中で合理的な意思決定を行っていることを指し，機会主義的行動はモラルに制約されることなく自分さえよければ良いという日和見主義の考え方で行動することを意味している。例えば，ある相手と取引を行う場合，取引相手についてすべてを知ることは難しい。しかし，できる限り詳細で正確な情報を得ることは取引を行う上で重要である。そのためには多くの時間と費用が必要になる。仮に，取引相手が自分にとって不利になるような情報を隠しておくかもしれない。よく中古自動車のレモン（不良品）の発生問題が引き合いに出されるが，中古自動車を売買する際，買い手は売り手と同等の情報を有していないため，売り手が自身にとって不利な情報を隠してでもできる限り高く販売したいと考えたとしても買い手はその事情を知らない。一方で，買い手はレモン（不良品）をつかまされないためにも情報収集や分析を行わなければならない。このように不確実な状況（環境不確実性が高い）の場合，取引は複雑になっていく可能性がある。

また，関係特殊資産の程度も取引コストに関連する。これは特定の取引相手との間にある別の取引相手には利用できない，もしくは売却すら難しい資産のことである。例えば，卸売業者が特定の小売業者のために専用の物流センターを設置することなどがある。この資産の特殊性の度合いが高いほど取引相手から取引条件を突きつけられ，それを断ることができない可能性が高くなる。こうした問題は，ホールド・アップ問題と呼ばれている。さらに，資産特殊性は取引の当事者をその取引関係に固定化（ロックイン）させる。代替的な取引相手が少ない場合，すぐに取引相手を替えることは難しいため，多くの取引交渉が繰り返される可能性が出てくる。その結果，取引コストが高くつく場合がある。

２つのコストを考慮すると，仮にオペレーション・コストが相対的に低くても，取引コストがそれ以上に高くつく場合は，外部の企業に頼らず市場での取引を内部化する組織取引へと移行する，といった自前での販売網の構築という意思決定もある。とはいえ，重要なことは，より効果的，そして効率的に当該活動を遂行することであり，これらのコストを１つの指標として直接流通か間接流通か，また間接流通の場合，どの段階まで自前で行うのかといった意思決定を行うことが重要である。

さらに，小売段階における意思決定課題は販路の集中度という観点からも考えられる（**図表 9-1**）。ここでの集中度は，ある小売市場における累積の集中度合いである。この集中度合いが高い場合は高集中度販路，低い場合は低集中度販路と呼ばれる。この表現は，例えば加工食品業界は高集中度販路，日本酒業界は低集中度販路であったり，加工食品業界は高集中度化していると表現できる。この考え方は，個別メーカーでも使用できる。その場合，当該メーカーの売上が取引額上位の小売業に集中している度合いとなる。例えば，「売上高の7割を約1割の量販店（配荷店）が占めている」といった具合である。

近年においては，多くの業界・個別メーカーで低集中度販路から高集中度販路へと移行しており，それに伴い，消費財メーカーにおける量販店対応の重要性は増している[2)]。

このように，直接流通か間接流通か，取引を重視するのか，組織として流通段階を統合していくのか，さらには流通段階のどの段階まで統合するのかといった意思決定がチャネル・デザインにおいて重要となる。

図表 9-1　低集中度販路と高集中度販路

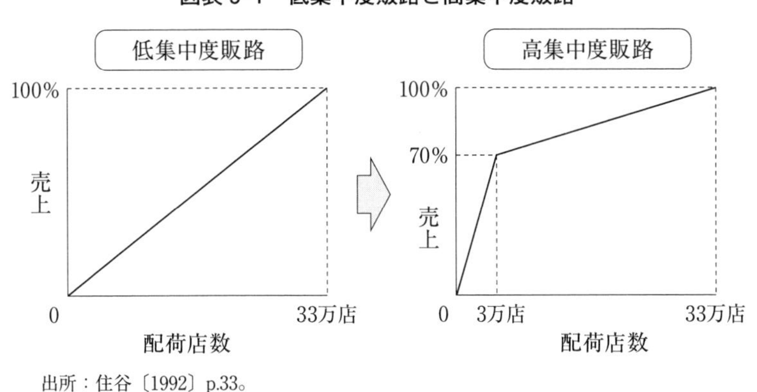

出所：住谷〔1992〕p.33。

2. チャネル・デザインと管理

(1) チャネル・デザインの基準

チャネル・デザインには，長短・広狭・開閉という3つの基準がある[3)]。

① 長短基準

チャネルが何段階で設定されているかに関する基準である。流通業者の介在する段階数が多いほどチャネルは長くなり，逆に介在する段階数が少ないほど短くなる。チャネルの段階数は，チャネル統制や情報伝達，さらには流通活動への必要投資量や市場リスク負担に関連する。チャネルの段階数が短いほど管理しやすく情報伝達も効率的となるが，流通活動への投資負担は重くなり市場リスクは高くなる。一方，チャネルの段階数が長いほど管理は難しく情報伝達も非効率となる可能性は高いが，流通活動への投資負担と市場リスクは流通業者と分担できる。

② 広狭基準

ある特定地域における流通業者の多寡に関する基準である。これは流通業者を特定地域内にどのくらいの密度で設定するかを決める。流通業者を制限せず多くに取り扱ってもらう場合，広いチャネルとなる。逆に流通業者を限定する場合は狭いチャネルとなる。この基準は製品の露出度合い（市場カバレッジ）や特定地域内におけるブランド内競争の程度と関連する。広いチャネルの場合，製品露出度は高まるが，同一ブランドを取り扱う流通業者間の価格競争などのブランド内競争が高まる恐れがある。一方，狭いチャネルの場合，製品露出度は低いが，ブランド内競争は抑制・回避できる。

③　開閉基準

流通業者の特定メーカーの販売先としての専属度合いに関する基準である。これは流通業者の品揃えがどの程度特定メーカーの製品に占められているかに関連する。特定メーカーの製品に占められる度合いが高いほど専属度は高く，閉じたチャネルと言える。一方，その度合いが低いほど専属度は低く，開いたチャネルと言える。この基準は流通業者に対する影響や販売努力に関連する。専属度が高いほど流通業者に対する特定メーカーの影響力は大きく，積極的な販売努力を引き出すことができる。一方，専属度が低いほど特定メーカーの流通業者に対する影響力は低く，積極的な販売努力を引き出しにくくなる。

上記３つの基準などを考慮しつつ，主要なチャネルをどのようにデザイン（設計）するかといった方法には以下の３つの方針がある。

①　開放的流通：製品を可能な限り多くの販売業者の店頭に並べてもらうこと

②　選択的流通：ある一定の基準に基づき，一定地域における販売業者を選択すること

③　排他的流通：一定地域における販売権を特定の販売業者に与えること

これらの指針は，消費者の買物行動における探索性向を重視している。探索性向とは，消費者が商品や店舗を探す努力の程度を意味する。これは，探索価値と探索費用によって求められる。探索価値とは探索によって得られる価値であり，探索のために生じる物理的・肉体的・心理的な費用が探索費用である。探索性向は，探索価値が探索費用を上回るほどに大きくなる[4)]。このように探索性向を踏まえると，最寄品と呼ばれる製品を取り扱う場合は開放的流通を，買回品を取り扱う場合は選択的流通を，専門品を取り扱う場合は排他的流通を選択することが多いと言われている。とはいえ，メーカーの立場から言えば，排他的流通や選択的流通から開放的流通へと移行することでより収益を上げていきたいと考えることも多い。

また，より長期・継続的な取引関係を前提として，チャネルの組織化を垂直的な関係の中で捉えていく垂直的マーケティング・システム（VMS）と呼ば

れるものもある。組織の統合度合いによって，企業システム，契約システム，管理システムという3つの類型がある。

まず，企業システムは，生産段階と流通段階が単一の資本のもとに垂直統合されているものである。化粧品や日用雑貨の販売会社，自動車メーカーのディーラー・システム，アパレルのSPA（垂直統合小売事業システム）などがある。

次に契約システムは，資本の異なる企業の間で厳密な契約によってチャネルの異なる段階が統合されるものである。この契約には特定の商品や経営技術・ノウハウの提供方法，利益配分方式などに関する契約が含まれている。この中にはフランチャイズ・チェーン（コンビニ各社），ボランタリー・チェーン（メーカー・卸主催型：イケダパンのアイショップ），コーペラティブ・チェーン（小売主催型：CGCグループ）などがある。

最後に管理システムとは，資本の異なる企業の間で厳密な契約によらずチャネルの異なる段階がチャネル・リーダーのもとにゆるやかに統合されるものである。チャネル・リーダーとは，チャネル全体の主導的な立場にある企業のことである。加工食品，日用雑貨，酒類などのメーカーが卸売業者と結ぶ特約店・代理店としての契約などがある。

VMSの中で，最もコントロール力に優れ長期的視点に立った戦略策定が可能なのは，企業システムである。しかし，投資コスト負担は大きく環境変化に対する柔軟性も低い。一方管理システムは，投資コスト負担は小さく環境変化に対する柔軟性は高いが，コントロール力は低く長期的視点に立った戦略策定は難しい。そして契約システムは，企業システムと管理システムの中間に位置すると考えられている。

消費者の探索性向や特定業界の流通構造，さらにはメーカーのチャネル戦略のあり方によって，どのようなチャネルをデザインするかは異なるが，上述の3つ（長短・広狭・開閉）の基準などからチャネル・デザインのパターンとしては，チャネル組織化の程度によって以下のものが挙げられる。

チャネル組織化は，「長・広・開」から「短・狭・閉」までの程度の違いによって特徴がそれぞれ異なることを示している（**図表9-2**）。

①は，全く組織化されていない状況である。メーカーや小売業者は小規模の

図表 9-2　チャネル・デザインのパターン

〈長・広・開〉 ←→ 〈短・狭・閉〉

①	②	③	④	⑤	⑥
M	M	M	M	M 卸売部門	M 卸売部門 小売部門（直営店）
独立の卸売業者	特約店・代理店	販売会社	販売会社	系列店	
独立の卸売業者	独立の卸売業者	独立の小売業者	系列店		
独立の小売業者	独立の小売業者				
（代表的分野）コモディティ	加工食品 日用雑貨	日用雑貨	家電品 化粧品	自動車	高級 ブランド品

注：図中の═は資本関係，☰は契約関係を表わす。
出所：渡辺ほか〔2008〕p.86。

ため卸売業者が多段階に介在している場合である。②は，卸売段階を組織化した場合である。各地域の有力卸売業者を選定し，特約店（代理店）としての契約を結んでいるため，ゆるやかなチャネル組織化と言える。③は，卸売段階に販売会社（販社）を設立し組織化する場合である。この場合，メーカーは販社を通じて小売段階に影響を与えることができるため，②と比べればメーカーの統制力は増している。④は，卸売段階だけでなく小売段階までチャネル組織化が行われた場合である。小売業者の一定地域における取扱業者数や商品取り扱いが制限されることもある。⑤は，卸売段階がメーカーの内部組織となり，④以上に小売段階での組織化が進められる。⑥は，消費者への販売に至るまでのプロセスが1つの組織に垂直統合されている。こうした6つのパターンは，それぞれに統合度合いやコントロール力などは異なるが，いわゆる流通系列化は②～⑤のパターンを指している。このように，ゆるやかにチャネルが組織化されている場合，流通業者をうまく活用し，自社製品を積極的に販売してもらえるように管理する方法が課題となる。

(2) パワーと依存度

メーカーが自社の製品を積極的に流通業者に販売してもらうためには，メーカーの流通業者に対する影響力が重要となる。ここでは，この影響力を「パワー」として捉える。パワーとは，ある当事者（メーカー）が別の当事者（流通業者）の行為に対して影響を与えることのできる能力である。つまり，相手に対するパワーを保有することがチャネル管理においても重要となる。

メーカーと流通業者という二者間のパワー関係は，互いの取引の依存度合いによって決まる。そのため，相手に対する自分の依存度合いが低く自分に対して相手の依存度合いが高ければ，相手に対するパワーを持っているということになる。ただし，パワー関係における影響は企業の規模ではなく取引における依存関係に着目しなければならない。

この依存度合いを取引関係に当てはめて理解しようとしたのが，取引依存度モデルである（**図表9-3**）。これは販売依存度と仕入依存度という2つから構成される。販売依存度は，特定のメーカーがある特定の流通業者にどれだけ依存

図表9-3 取引依存度モデル

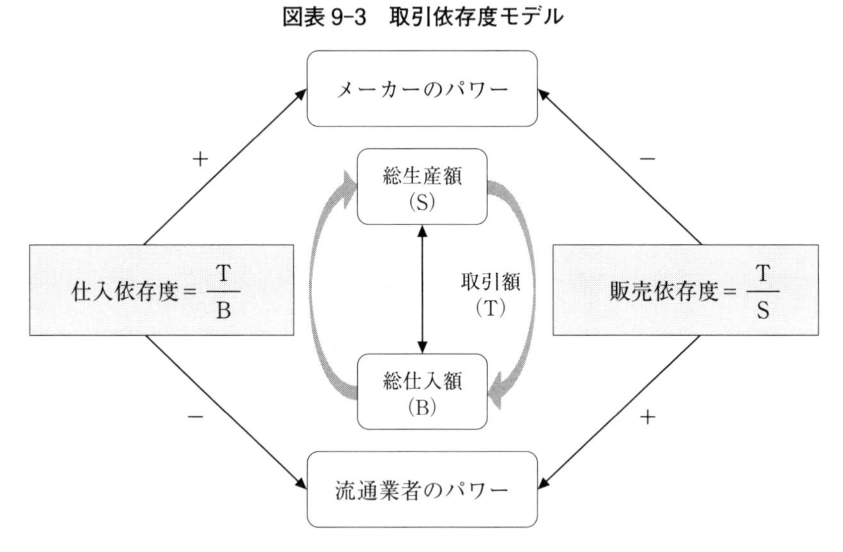

出所：高嶋〔2002〕p.127をもとに作成。

しているかであり，メーカーの総生産額が占める特定の流通業者の販売額の割合によって示される。仕入依存度は，特定の流通業者が特定のメーカーにどれだけ依存しているかであり，特定の流通業者の総仕入額に占める特定のメーカーからの仕入額の割合となる。

メーカーの立場に立てば，流通業者に対してパワーを発揮するには，特定の自身との取引の重要度が高く，その取引相手以外に代替的な取引相手が少ないほど大きくなる[5)]。

(3)　建値制とリベート

メーカーはチャネル組織化や販売業者に対するパワーを発揮するための手段として，建値制やリベートなどを導入してきた。建値制とは，メーカーが希望小売価格を設定し，これに基づき，卸売・小売段階の仕入価格（仕切価格，卸売価格）を提示するものである。リベートとは，取引量や支払条件など取引条件に応じて支給される割戻金である。これは，建値制を維持する目的でメーカーが作り出した制度であり，取引条件を事後的に調整する性格を持っている[6)]。

また，リベートと類似したものとしてアローワンスも存在する。これは，小売業者や卸売業者への販売促進活動に対してメーカーが支払う手数料のことであり，実際には販売奨励金や広告協賛金などが該当する。リベートが長期的な取引時に用いられるのに対し，アローワンスは新製品投入時の販売促進活動といった短期的に用いられる手段となる。もっとも，リベートとアローワンスをまとめてリベートとして総称されることもある。

こうした建値の提示により流通段階での価格が決定するため，取引交渉費用を節約することができ，それにリベートやアローワンスを組み合わせることで特定製品の販売促進や代金回収など目的に応じて導入することができる。しかし，建値制やリベートは再販売価格維持行為として独占禁止法上問題となる場合があるので注意が必要となる。

3. 高集中度販路時代のチャネル戦略

（1） パワー関係の変化に伴うチャネル戦略の見直し

近年，多くの消費財の分野において大規模小売業者が台頭しており，高集中度販路化している。こうした状況は，建値制やリベートを手段としてきたチャネル管理の方法に転換を迫るものとなる。例えば，建値制を起点として低価格での販売を指向する大規模小売業者が増えることで希望小売価格と小売実勢価格の乖離が大きくなり，リベートは本来の目的としてではなく値引きの原資として活用されることが増えていく。建値制が形骸化していくなかで，建値制からオープン価格へと取引制度を改定したメーカーも多く存在する。

このような小売構造の変化に伴い，卸売構造も変化を余儀なくさせている。それは，大規模小売業者に対応するための広域化や大型化といった動きであり，卸売業者の合併や再編につながっている。こうした現象に対してメーカーは，量販店（大規模小売業者）対応を中心としてチャネル戦略の見直しを図っている。それは，チャネル管理で考えられてきた取引関係を前提としたチャネル管理ではなく，協調的な関係構築に重点を置いて大規模な流通業者（主に小売業者）との取り組み強化を図るという姿勢である。また，ICT の深化の中でオンラインとオフラインの両面から顧客にシームレスな購買体験の提供を目的とする戦略も採用されてきている。

以下に，製販連携の取り組み事例として提案型営業と製品開発による連携と，チャネルをコミュニケーション手段として活用するオムニチャネルについて紹介する。

（2） 製販連携①（提案型営業）

1990 年代以降，日本の食品業界においては ECR（効率的な消費者対応）への取り組みが普及していったが，その1つの手段としてカテゴリー・マネジメントがある。カテゴリー・マネジメントとは，単品や部門（例えば酒類や加工食品）ごとに売場を管理するのではなく，商品カテゴリーレベル（例えばビールやワイン），あるいはジャンルやテーマでの売場に対するトータルでの売上高や利益の最大化を図る手法のことである。

サッポロビールは，かつて従来小売店のビール売場において，スーパードライと一番搾りのフェース（陳列量）を大きくとれば売上確保が可能と言われていたなか，父の日などの記念日においては，高級感のあるエビスビールの陳列を増やすことや，店頭販促（POP）を掲示して父の日が近いことを消費者に告知することが客単価の上昇につながると売場陳列についての提案を行っている。このように，メーカーは自社製品にとどまらず売場全体の活性化を促すような棚割り提案や売場の演出，チラシ対策や販促のタイミング，さらには店頭在庫の補充などに対する提案営業を行うことで売場全体の活性化を促し，それがひいては自社製品の収益増をもたらしている[7)]。

（3）　製販連携②（製品開発による連携）

小売業者や卸売業者が主導となって開発するプライベート・ブランド（以下，PB）も製販連携の1つである。PBとは，流通業者が開発主体となっている特定小売業者の店舗で販売するブランドのことである。

これまでPB開発は，3番手4番手以下の下位メーカーが開発するというイメージがあったが，近年では上位メーカーがPB開発に参画することが増えている。例えば，セブン&アイ・ホールディングスのセブン・プレミアムにおける冷凍食品（エビシューマイ）の開発を冷凍食品業界の上位メーカーである味の素が行っている。その背景には，市場の縮小，冷凍食品自体の安売りの常態化による利益の悪化，さらには自社NBとの競合以上に大規模小売業者への対応を重視することで小売店舗の陳列棚の確保やメーカー自身の売上自体の確保などがある。そのため，メーカーにとって有力な大規模小売業者のPB開発は，チャネル戦略においても重要な位置を占めつつある。

ただし，メーカーにとっては，計画生産を続けるなかで生産の稼働率を落とすよりは特定の大規模小売業者のPB開発をするという選択肢を選ぶといった側面があるため，あくまでも売買関係を前提とした上で，そこにおける交渉問題に注意しつつ協調的な関係の構築に取り組んでいる。とはいえ，こうした動きはさらに進展していくと考えられる[8)]。

(4) オムニチャネルによる協働

ICTの進展により，消費者にシームレスな買物経験を提供することを目的とするオムニチャネルが注目されている。オムニチャネルでは，その目的達成のためにチャネルをさまざまな情報が交換されるコミュニケーション手段として重視している。

そもそもオムニチャネルは，小売業の戦略として展開されてきた。この旗振り役となったのは，アメリカの大手百貨店のメーシーズである。同社は，オムニチャネル戦略を事業の中核の1つと位置づけている[9)]。

しかし，小売業だけでなくメーカーも取引先との協働の取り組みとしてオムニチャネルに取り組んでいる。例えば，資生堂は新型コロナウイルス感染症の影響を背景として，非接触型の購買ニーズを有する顧客に対応するべくオフラインとオンラインの強みを融合させたオムニチャネルモデルを取引先とともに構築している。その第1弾として，三越伊勢丹の化粧品オンラインストア「mecco」でライブコマースを実施している。具体的には，店頭で対応・接客を行うビューティー・コンサルタント（以下，BC）がリアルタイム映像で化粧品の特長や使用法を紹介し，それを見た消費者はチャットでBCに質問するなど双方向のコミュニケーションをしながら商品について調べ，三越伊勢丹のオンラインストア「mecco」で製品の購入をできるサービスの提供である[10)]。

こうした小売業との協働の取り組みの中で，チャネルをコミュニケーション手段として重視するとともに，顧客接点を拡大している。

【課題レポート】

① チャネル・デザインのパターンを参考にある業界の企業のチャネル・デザインを具体的に調べまとめなさい。

② 製販連携（提案営業やPB開発）などの具体例について調べまとめなさい。

【復習問題】

① チャネル・デザインとチャネル管理のポイントをまとめなさい。

＜注＞

1）住谷〔2000〕p.47。

2）住谷〔2000〕pp.4-5。

3）風呂〔1968〕pp.197-212。

4）鈴木・田村〔1980〕pp.110-112。

5）高嶋〔2002〕p.126 。

6）リベートには，年間契約に対して取引のつど定率で支給される基本（年間契約）リベート，現金決済を促進し代金回収を効率化するために，一定期間内の現金決済に対して支給される決済（現金払い）リベート，年間契約時に約束した販売目標の達成度に応じて支払われる目標達成リベート，卸売業者や小売業者の販売促進活動に対して支給される販売促進リベート，商品がメーカーから小売業者に直接配送される場合，形式上の取引関係を持つ卸売業者に支給される帳合いリベート，小売店頭における自社商品比率（占有率）の高さに応じて支給される占有率リベート，その他の特別のマーケティング目標や活動への貢献度に応じて支給される特別リベートなどが挙げられる（原田・向山・渡辺〔2002〕p.127）。

7）『日経MJ』2008年6月2日，2007年11月11日。

8）『日経MJ』2008年6月13日。

9）鶴見〔2019〕p.57，Macy's HP "News Detail :Macy's, Inc. Announces Plans to Launch Curated Digital Marketplace" 2021年11月18日掲載記事参照《https://www.macysinc.com/newsroom/news/news-details/2021/Macys-Inc.-Announces-Plans-to-Launch-Curated-Digital-Marketplace-11-18-2021/default.aspx》(最終閲覧日:2024年1月30日)。

10）資生堂HP「資生堂，消費者の購買意識変化を捉え，ライブコマースを国内で本格スタート（2020年7月17日ニュースリリース）《https://corp.shiseido.com/jp/news/detail.html?sn=00000000002941》（最終閲覧日：2024年1月30日）

＜参考文献＞

東伸一〔2010〕「北欧アパレル企業のマーケティング」マーケティング史研究会編『海外企業のマーケティング』同文舘出版。

石井淳蔵〔1983〕『流通におけるパワーと対立』千倉書房。

近藤公彦〔2018〕「日本型オムニチャネルの特質と理論的課題」『流通研究』第21巻第1号，

pp.77-89.
鈴木安昭・田村正紀〔1980〕『商業論』有斐閣。
住谷宏編著〔1992〕『大転換期のチャネル戦略』同文舘出版。
住谷宏〔2000〕『利益重視のマーケティング・チャネル戦略』同文舘出版。
高嶋克義〔2002〕『現代商業学』有斐閣。
崔相鐵・石井淳蔵編〔2009〕『シリーズ流通体系２　流通チャネルの再編』中央経済社。
鶴見裕之〔2019〕「オムニチャネル研究の課題—関連領域との横断的研究の必要性—」
原田英生・向山雅夫・渡辺達朗編〔2002〕『ベーシック　流通と商業』有斐閣アルマ。
風呂勉〔1968〕『マーケティング・チャネル行動論』千倉書房。
渡辺達朗・原頼利・遠藤明子・田村晃二〔2008〕『流通論をつかむ』有斐閣。

第 10 章

ダイレクト・マーケティングの基礎

本章のねらい

ダイレクト・マーケティングとは，仲介業者を使わず顧客に直接販売するチャネルを利用して，商品やサービスを届けることをいう。

まずはダイレクト・マーケティングを行う企業側と顧客側のメリットについて解説する。次にダイレクト・マーケティングの種類とその特徴について解説する。

キーワード

ダイレクト・マーケティング，個別販売，テレ・マーケティング，
ダイレクトメール・マーケティング，カタログ・マーケティング，
ダイレクトレスポンス・テレビ・マーケティング，キオスク・マーケティング，
オンライン・マーケティング

1. ダイレクト・マーケティングの重要性

(1) ダイレクト・マーケティングとは

ダイレクト・マーケティングとは，仲介業者を使わず顧客[1]に直接販売するチャネルを利用して，商品やサービスを届けることをいう[2]。

(2) ダイレクト・マーケティングの発展

競争が少ない時代における企業のプロモーション活動にとって重要なことは，自社の製品とそれを訴求するメッセージとが，マス・メディアを通じて顧客に広く伝達されることであった[3]。これは一般的に，マス・マーケティングとよばれるものであり，ここでのプロモーションは企業側から顧客側への一方通行のメッセージであった。

しかしながら企業間競争が激しくなると，どの企業もマス・メディアを通じたプロモーション活動を行うことにより，似かよったプロモーションとなる可能性が高くなる。また顧客も，どのプロモーションがどの企業のものかがわからなくなる。そうした中において，企業と顧客が1対1でコミュニケーションを図り，長期的な関係を築こうとするマーケティングの1つがダイレクト・マーケティングである。

広告であれば，1つのテレビ番組や新聞そして雑誌などに競合する企業同士の広告が重複することがあるが，ダイレクト・マーケティングは，1つの企業だけがその顧客に対して広告を行うことから他社のそれと重複することはなく，顧客に他社のものと違うことを理解してもらいやすい[4]。またマス・メディアを使った広告でなければ，競合他社に自社のそれを知られる可能性は低くなり真似されることが少ないため，他社との差別化につながりやすい[5]。

(3)　ダイレクト・マーケティングのメリット

ダイレクト・マーケティングは，それを行う企業側そして顧客側の双方にとってメリットがある[6)]。

①　企業側のメリット

企業側がダイレクト・マーケティングを行うメリットには，次のようなものがある。

第1に，企業にとって顧客とのリレーションシップを構築するのに適したツールである。企業は自社に売上げと利益をもたらしてくれる顧客[7)]に関するデータを作成し，データをもとに個々の顧客に適したダイレクト・マーケティングを実践することができる。さらにインターネットを利用することにより，ダイレクト・マーケティングはより即時性のあるものとなる。

第2に，一部のダイレクト・マーケティングを除いて，より多くの自社製品やサービスを顧客に知らせることができる。店舗をもって営業している場合，百貨店のような広い売場面積をもった店舗であっても，品揃えには限りがあるが，とくにインターネットを利用したダイレクト・マーケティング（オンライン・マーケティング）の場合には，品揃えをほぼ無限にすることができる[8)]。

第3に，小売業のように店舗をもって営業している場合，顧客が店舗に来るのを待つしかない[9)]が，ダイレクト・マーケティングの中の個別販売では企業が顧客側に出向くことで積極的に販売活動を行うことが可能である。また特定の場所に店舗等を構える必要がないことから，店舗維持費用等を削減することができる。それとともに店舗をもつ場合，その商圏に限りがあるが，ダイレクト・マーケティングの場合は，商圏を自由に設定できる。

第4に，企業はターゲットとなる顧客を絞り込み，個々の顧客ニーズに合わせたマーケティングを行うことができる。例えば，富裕層，左利きの人，特定の職業の人，特定の趣味をもつ人，といったように，ある特定のグループの名簿[10)]を入手できれば，ターゲット層を定めたダイレクト・マーケティングを行うことができる。これによりマス・マーケティングよりも購入確率が高まる。

とくに子供が生まれたばかりの家庭には，子供の成長年齢に応じた継続的なプロモーションが可能となる。

第5に，とくにオンライン・マーケティングの場合には，ある商品を購入しようとしている顧客に対して，同じ商品を購入した別の顧客が同時に購入した商品を推奨するリコメンデーションにより，1顧客当たりの売上げを高めることができる可能性が発生する。電子商取引（eコマース）[11] は店舗販売と比較すると，顧客側が企業間の価格を比較することが容易なことから価格競争が激しいという特徴がある。さらにeコマースでは店舗販売では不要な送料が必要になるが，eコマースは企業間の競争により送料無料の競争も行われている[12]。このことが企業の利益額を下げる要因となるが，リコメンデーションにより買上点数を増やすことができれば，利益を上げる機会が増える。これはオンライン・マーケティング特有のメリットである。オンライン・マーケティングの場合には，国境を越えて販売することが可能であり，すなわち商圏をほぼ無限に拡大することもできる[13]。

第6に，ダイレクト・マーケティングを利用すれば，顧客に最適なタイミングでプロモーションを行うことができる。関心のある顧客に最適なタイミングで接触することができれば，コミュニケーションが緊密になり，その結果として顧客から多くの反応を得ることができる。

第7に，ダイレクト・マーケティングには様々な種類があることから，顧客に対して多様なプロモーションを行うことができる。それにより，どのプロモーションがより効果的であるかについても判断することができる。

②　顧客側のメリット

顧客側がダイレクト・マーケティングを利用するメリットには，次のようなものがある。

第1に，顧客にとって便利なことである。ダイレクト・マーケティングにより，顧客は店舗まで買い物に行く時間を節約することができるとともに，店舗の営業時間を気にする必要がない。これは顧客が負担する直接的そして間接的な買い物コストを削減することができることを示している[14]。自宅近くの店舗で買い物をすると近所の知り合いの人と出会い，何を購入しているか知られてしまう可能性があるが，ダイレクト・マーケティングではその心配がない。個別販売やテレ・マーケティングを除くと，販売員からのしつこい説得を受ける必要もなく，自分が納得いくまで商品やサービスを吟味することができる。企業顧客にとっても，販売企業側の営業担当者と打ち合わせなどをすることなく，必要な製品やサービスについての情報を得ることができる。

第2に，顧客は多様な商品やサービスについて触れることができ，その中から選択することができる。オンライン・マーケティングの場合には，店舗販売の小売業では品揃えすることができないくらいの商品やサービスから選択することができる。インターネットにより，顧客は，商品やサービスそして販売企業をこれまでよりも広範囲から選択することができるとともに，競合他社と比較するための情報をより簡単に入手できるようになる。ただしオンライン・マーケティングの場合，顧客はそれ以外のダイレクト・マーケティングより商品の選択と注文をより簡単に行うことができることから，本当に必要でない商品も注文し購入してしまう可能性が高いことに注意する必要がある。

第3に，双方向性と即時性である。今まで電話やFAXそして郵便等で注文や問い合わせを行っていたものが，インターネットにより即時に情報交換することができる。さらに音楽や動画などは，これまでCDやDVDが届くまで待たなければならなかったが，即座にダウンロードすることができ，顧客がすぐに聴きたいまたは観たいというニーズに応えることができる。

2.　ダイレクト・マーケティングの種類

ダイレクト・マーケティングには，個別販売，テレ・マーケティング，ダイレクトメール・マーケティング，カタログ・マーケティング，ダイレクトレスポンス・テレビ・マーケティング，キオスク・マーケティング，オンライン・マーケティングの7つがある[15)]。

(1) 個別販売

個別販売は，企業が顧客側に出向いて販売活動を行うものである。企業間における個別販売は，すでに取引している企業との間の販売，新規取引先を開拓するために行う飛び込みなどがある。企業・消費者間の個別販売にも，すでに取引している消費者との間の販売，これまでに取引のない家庭を訪問する飛び込み販売がある。

個別販売を行う企業は，セールスパーソンが直接顧客に接客をし販売を行うことから，教育に力を入れる必要がある。

個別販売の１つの形態に訪問販売がある。日本における訪問販売売上高は**図表 10-1** の通りであり，1996 年度の３兆 3400 億円をピークに減少傾向が続いている。訪問販売売上高が減少している理由には，次のようなものがある。第１に核家族化と夫婦共働きにより日中自宅を留守にする家庭が多くなったことにより，訪問販売業者の効率が悪くなったことがある。第２に，オートロックのマンションであれば，訪問販売業者を玄関まで入れないようにすることができ，そうしたマンションが増加していることがある。第３に，訪問販売は消費

図表 10-1　日本の訪問販売売上高の推移

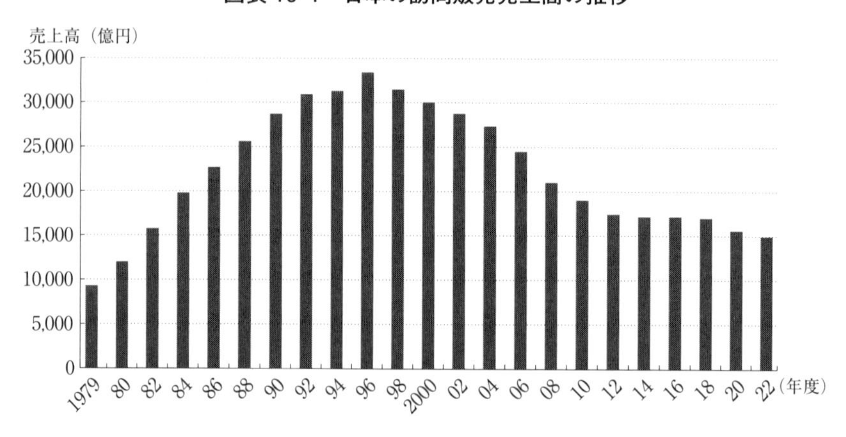

注：この売上高には，自動車・新聞・医薬品・生命保険の訪問販売売上高と，百貨店の外商売上高は入っていない。
出所：日本訪問販売協会 HP より作成。

者が望んでいないのに，無理やり買わせるというトラブルなどが発生していることがある。

(2)　テレ・マーケティング

テレ・マーケティングは電話を使って顧客に商品を直接販売するものである。電話だけでは商品の特徴を伝えきれないことが多いことから，興味を示した顧客に対してダイレクトメールやカタログを送付したり，セールスパーソンが直接顧客のもとを訪問して販売に導くことがある。

日本では，核家族化と夫婦共働きの家庭が多くなったことにより日中の在宅時間が少なく，その結果として夕食の準備時間，夕食の時間そして家族団欒の時間に電話によるセールスが行われることによる苦情が発生している。またナンバーディスプレイサービスにより，登録していない電話番号からの電話を受けないことができるようになったこともあり，テレ・マーケティングは日本では苦戦している。

(3)　ダイレクトメール・マーケティング

ダイレクトメール・マーケティングは，顧客のもとに手紙やチラシなどを郵送して，興味をもってもらい販売に結びつけるマーケティングである。チラシだけでなく，DVDなどを郵送することがある。

ダイレクトメール・マーケティングは郵便事業が発展している国でないと事業を行うことが難しい。日本では，一般家庭に配達される郵便物の中で個人から出される手紙やハガキより，企業から家庭に配達されるダイレクトメールの方が多いといわれており，ダイレクトメール・マーケティングが盛んである。個人宛のダイレクトメールの場合には，ターゲット顧客に応じたメッセージを伝達できるというメリットがある。

ダイレクトメール・マーケティングは，顧客ごとに伝達内容を変えることができることから，ワン・トゥ・ワン・マーケティング，リレーションシップ・マーケティングに適したプロモーションである。

ダイレクト・マーケティングにおける1000人当たりの到達コストは，マス・メディア広告より費用が高いが，ターゲット顧客を選定して送付していることから顧客の購買確率は高いという特徴がある。

(4) カタログ・マーケティング

カタログ・マーケティングはダイレクトメール・マーケティングの一種であるが，一般的にはチラシよりも分厚い冊子であるカタログを郵送して行うものをいう。

カタログであれば多数の商品を掲載することができることから，いわゆる総合通販を行う企業において利用されている。しかしながら一冊のカタログを作成するのに何ヵ月もかかることから，商品の改廃や価格変更が難しいことが課題であった。こうしたデメリットを補完するためにカタログ・マーケティングを行っている企業においても，オンライン・マーケティングを併用している。

(5) ダイレクトレスポンス・テレビ・マーケティング

ダイレクトレスポンス・テレビ・マーケティングには，2つの種類がある。1つは，通常のテレビCMは1本当たり15秒程度であるが，60秒または120秒のテレビCMの中において製品説明を行い，フリーダイヤル等で顧客からの注文を受けるものである。もう1つは，ホームショッピング・チャネルである。ホームショッピング・チャネルとは，製品やサービスの販売専用のテレビ番組をいい，QVCなどが代表的である。

(6) キオスク・マーケティング

キオスク・マーケティングとは，店頭などに情報端末機を設置して販売活動を行うマーケティングであり，日本ではコンビニエンスストアや空港などに設置されている[16)]。

(7) オンライン・マーケティング

オンライン・マーケティングとは，インターネットを利用したマーケティングである。それ以外のダイレクト・マーケティングを行っていた企業も，オンライン･マーケティングを併用するようになっている。オンライン･マーケティングは，他のダイレクト・マーケティングよりも企業と顧客の間の情報交換や注文を簡単に行うことができる。企業はオンライン・マーケティングで注文を受けた商品を顧客に配送する際に，カタログ等を同封することがある。それによりオンラインでは注文してもらえなかった商品などをプロモーションしている，すなわちオンライン・マーケティングが発展している現在においても，他のダイレクト・マーケティングも必要であることを示している。

図表10-2の通り，日本における企業対消費者の電子商取引の市場規模は拡大し続けている。

商業統計調査によると，日本の小売事業所数が1982年の172万1465事業所をピークに減少し続けていることから，近くの店舗小売業で日常的な買い物が

図表10-2　日本の企業対消費者の電子商取引の市場規模

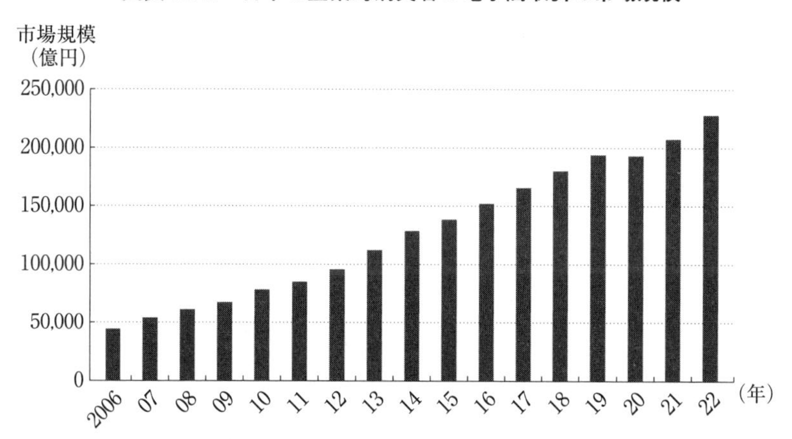

出所：経済産業省「電子商取引に関する市場実態調査」より作成。

できない人々が増えており，オンライン・マーケティングはそうした人たちに新たな買い物機会を提供するという一面を持っている。その一方で，オンライン・マーケティングの発展により，店舗小売業がますます衰退し減少するという側面があることも忘れてはならない。

(2) テレ・マーケティングから (7) オンライン・マーケティングを，企業と消費者間で行うことを通信販売ということがある。

通信販売は，世界では1872年にアメリカでモンゴメリー・ウォードが始めたのが最初であったとされる。日本では，1876年に津田仙による種苗の販売が最初である[17]。通信販売は，顧客が購入した商品を届ける必要があることから，郵便事業が発達していなければ通信販売を始めることができない。日本では1871年に東京―大阪間で官営による郵便事業が開始された。

日本の通信販売売上高は**図表10-3**の通りであり，1997年度と翌98年度の2回減少したが，それ以外の年度は増加している。2000年度以降の増加には，インターネットの普及によるeコマースの発展と成長が大きく影響している。

ダイレクト・マーケティングを行う際に，企業は顧客の購入能力や購入意欲を見極めなければならない[18]。購入能力や意欲がない顧客にダイレクト・マー

図表10-3　日本の通信販売売上高の推移

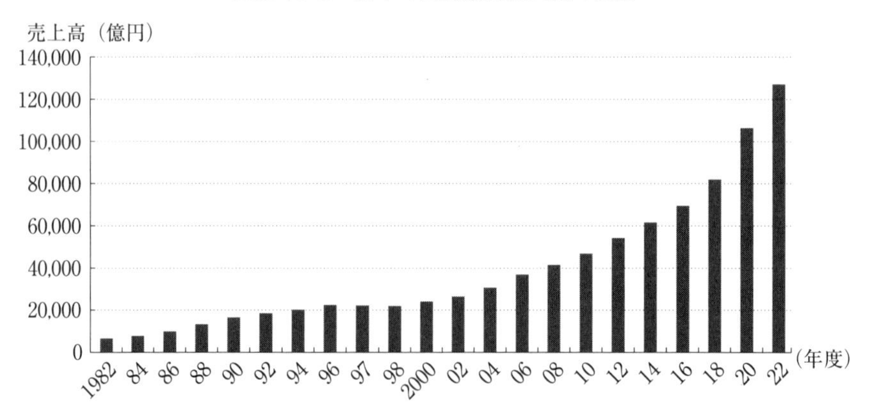

出所：日本通信販売協会HPより作成。

ケティングを行っても購買に結び付かないからである。企業顧客の場合には，購入に対して決定権をもつ人に対して行わなければ購入に結びつかない。

ダイレクト・マーケティングを行う企業のマーケティング担当者（マーケター）は，一般的に顧客の格付けと選別にRFM方式（Recency［最新の購入日］，Frequency［一定期間における購買頻度］，Monetary amount［総購入金額］）を使用している。

【課題レポート】

① ダイレクト・マーケティングが，どのように変遷してきたかについて述べなさい。

② オンライン・マーケティングが，それ以外のダイレクト・マーケティングよりも有利な点についてまとめなさい。

【復習問題】

① ダイレクト・マーケティングの中で，成長しているものと，衰退しているものに分類しなさい。

<注>

1）消費者でなく顧客としているのは，ダイレクト・マーケティングの対象が最終消費者だけでなく，企業顧客を対象とする場合もあるからである。
2）Kotler and Keller〔2006〕（邦書 p.752）.
3）Kotler and Armstrong〔2001〕（邦書 p.725）.
4）ダイレクト・マーケティングで商品を購入した時に，届けられた商品の中に他社のチラシ等が同封されてくることはあるが，あくまで直接競合しない企業のチラシしか同封されてこない。
5）もちろん，企業が競合他社のプロモーションを把握するために，自社の社員を競合他社のダイレクト・マーケティングの顧客にさせることは可能である。
6）Kotler and Armstrong〔2001〕（邦書 pp.730-731）. Kotler and Keller〔2006〕（邦書 p.754）.
7）現時点でその企業の顧客でなくても，これから顧客になってもらえそうな，もしくは顧客になってもらいたいと考える顧客も含む。
8）ネット通販におけるロングテールの法則のように，店舗ではあまり売れない商品でも品揃えすることができ，それが他社との品揃えの差別化につながるとともに，顧客から選択されることにもつながる。
9）広告等のプロモーションで顧客を店舗に引き寄せることは可能であるが，それでも顧客が店舗に来てくれるのを待つしかない。

10）2017年に施行された改正個人情報保護法により，個人情報を販売する名簿業者が，それまでよりも名簿を仕入れることが難しくなったことから，企業側が個人情報を入手することが難しくなっている。（『日本経済新聞』2018年9月23日朝刊5面）。

11）ネット通販というと，消費者がインターネットを利用して買い物を行うように捉えられていることがある。インターネットを利用したダイレクト・マーケティングは，企業対消費者（Business to Consumer）だけでなく，企業間（Business to Business）においても行われていることから，本章ではネット通販という言葉ではなく，電子商取引（e コマース）という言葉を使う。

12）宅配便業者などを使って配送するにはコストが必要となるため「送料無料」という表現は正しくない。送料は販売企業側が負担するという表現が正しい。「物流2024年問題」によりトラック運転手の年間残業時間の規制が始まるが，それにより宅配便だけでなく多くのトラック運送業者でトラック運転手が足りなくなり，貨物を運べない状況が発生すると言われている。同問題を解決するために鉄道や船舶を使って輸送するモーダルシフトが必要になると言われている。船舶輸送は貨物量増加により運航を増やすのはそれほど難しくないかもしれない。しかしながら，鉄道輸送，中でもJR貨物はJR旅客鉄道各社から線路を借りて運行しているため，貨物量が増えたからといってすぐに運行便を増やすのは簡単なことでない。

13）国境を越えたe コマースを越境e コマースという。

14）懸田〔2016〕p.9。

15）Kotler and Armstrong〔2001〕（邦書 p.739）.

16）セブン‐イレブンのマルチコピー機，ファミリーマートのFamiポート，ローソンのLoppiがキオスク端末機である。また海外旅行に行く人が，空港で保険契約を結ぶ無人端末機もキオスク端末機である。

17）金〔2016〕pp.91-92。

18）Kotler and Keller〔2006〕（邦書 p.757）.

＜参考文献＞

懸田　豊〔2016〕「小売流通の特質」懸田豊・住谷宏編『現代の小売流通（第2版）』中央経済社。

金　度渕〔2016〕「無店舗小売業」番場博之編『基礎から学ぶ流通の理論と政策（新版）』八千代出版。

Kotler, P. and G. Armstrong〔2001〕*Principle of Marketing,* 9th ed., Prentice Hall.（和田充夫監訳〔2003〕『マーケティング原理―基礎理論から実践戦略まで―（第9版）』ダイヤモンド社。）

Kotler, P. and K. L. Keller〔2006〕*Marketing Management,* 12th ed., Prentice-Hall.（恩藏直人監修，月谷真紀訳〔2008〕『コトラー＆ケラーのマーケティング・マネジメント』ピアソン・エデュケーション。）

『日経MJ』『日本経済新聞』

経済産業省ホームページ

公益社団法人日本通信販売協会ホームページ

公益社団法人日本訪問販売協会ホームページ

第 11 章

デジタル・マーケティングの基礎

本章のねらい

インターネット上にある Web サイトや，メール，スマートフォン向けのアプリなど様々な媒体でデジタル技術を活用して，顧客の興味や関心の深さをデータというかたちで可視化させ，そのデータをもとに顧客とのつながりを深めていくためのマーケティングの諸活動を「デジタル・マーケティング」と呼ぶ。

本章では，デジタル・マーケティングの定義を理解し，デジタル・マーケティングがどのように既存のマーケティング活動を進化・発展させているのかを，いくつかの事例を観察しながら学んでいく。

キーワード

デジタル・マーケティング，データドリブン，オムニチャネル，
Web マーケティング，PESO モデル，フリーミアム，サブスクリプション，
シェアリング・エコノミー

1. デジタル・マーケティングとは

「デジタル・マーケティング」という言葉を目にする機会が増えてきた。デジタル・マーケティングは，マーケティング活動の一種である。デジタル・マーケティングでは，デジタル技術を用いてマーケティング活動の過程やその結果が明確にデジタル情報化されることで，より客観的な分析や効果測定を行うことが可能となる。インターネットやIoT（モノのインターネット），ビッグデータなどを駆使しながら，既存のマス・マーケティングとは異なるかたちで展開される，より顧客に寄り添ったマーケティング活動と考えられるだろう。

ここでは，まずデジタル・マーケティングの定義やその活動の領域について考えるとともに，既存のマーケティングやWebマーケティングとの差異について説明する。

（1） インターネットの発展とマーケティングの変化

ICT（情報通信技術）の発展とともに，インターネットを介した情報や知識の共有が容易に行えるようになった。消費者がPCやスマートフォンを用いてインターネットに接続し，ブログやSNSなどを通じて自身の経験や意見を語ることでそれを閲覧する他者に対して影響を与えることが可能なのである。すなわち，従来型のマーケティングとは異なり，消費者が企業と同等の立場に立ち，時にぶつかり合い，時に交流を深めることで，新たな価値を生み出し，新たな問題解決方法を導き出すインタラクティブ・マーケティング（双方向のコミュニケーションに基づくマーケティング）の局面に移行した[1)]といえるだろう。

マーケティングが新たな段階に移行したことで，マーケティング手法もWebサイトを用いたマーケティング，SNSを駆使したマーケティングなど，デジタル技術を活用した「デジタル・マーケティング」へと変貌を遂げているのである。

(2) デジタル・マーケティングの定義

デジタル・マーケティングは，簡単な言葉で表現すれば「デジタル技術を活用して売れる仕組みをつくる」[2]ことになる。ここでデジタル技術と呼ばれるものは，Webサイトや電子メール，SNSなどに限定されるものではなく，PCやスマートフォン，タブレット端末などのインターネットに接続されるデジタル機器，インターネットに接続されていないスタンドアロン[3]型のデジタルサイネージ[4]などのIT機器，位置情報や検索結果のクリック率などのデジタル・データも含まれる。デジタル・マーケティングが従来のマーケティングと異なるのは，消費者の反応をデジタル・データという明確なかたちで素早く獲得できることや，インターネットを活用することで複数の販売チャネル・広告メディアを連動させることが可能となる点である。

デジタル・マーケティングとWebマーケティングは，双方が立脚する技術の中核がインターネットであるという共通点があることから同じものとして理解されがちであるが，その範囲は異なる。Webマーケティングは，主としてPCを通じて閲覧される企業のWebサイトに軸足を置き，ECサイトへのアクセス履歴の解析やSEO対策[5]などを通じて，Webサイトを閲覧している消費者の満足度を高めることやECサイトへの消費者の流入を増加させて，いかにして購買行動につなげていくかを考えるものである。その意味から，Webマーケティングはデジタル・マーケティングの一部であると考えることができる（**図表11-1**）。

一方で，デジタル・マーケティングは，Webサイトのほかにもスマートフォンやタブレット端末で提供されているアプリ，SNSにおける口コミ情報やIoT機器により収集されるデジタル・データなどを通じて，企業の顧客になりうる消費者一人ひとりと強固で深い関係を築くことを目的としている。DMP[6]（Data Management Platform）により顧客の特性をデジタル・データ化してセグメンテーションやターゲティングを行うことで，企業のマーケティング活動を最適化し，MA[7]（Marketing Automation）によって顧客一人ひとりの興味関心に合わせた効率的なコミュニケーションを可能にする。つまり，デジタル・マー

図表 11-1　マーケティングとデジタル・マーケティングの関係

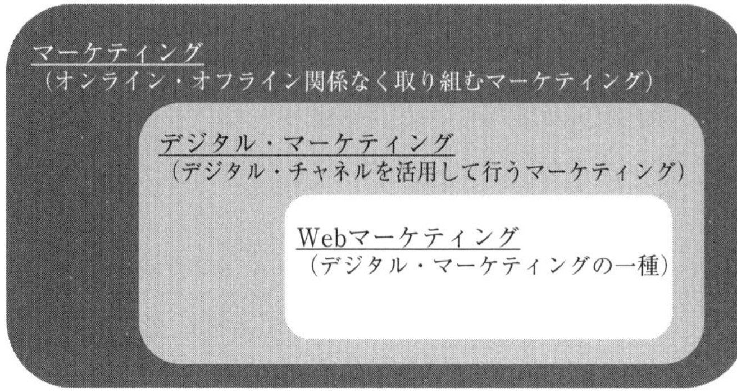

出所：押切〔2017〕p.3 をもとに筆者一部加筆。

ケティングは，デジタル技術を用いることで，マーケティング活動にかかるコスト削減やマーケティング活動の高効率化を実現するための手段なのである。

(3) デジタル・マーケティングが必要とされる理由

今日のわれわれの生活において，インターネットを使わない，スマートフォンを利用しない生活というのはほとんど考えることができない。われわれは，時間や場所といった条件に制約を受けることなく，インターネットを介して求める情報に容易にアクセスすることができる。企業はインターネット上において個人の趣味嗜好，情報へのアクセス経路やアクセス頻度，商品・サービスの購買履歴といったデジタル・データを獲得する機会を得る。企業はこれらデジタル・データを分析することで，従来のマス・マーケティングとは異なる，顧客一人ひとりにふさわしいアプローチを行うことが可能となる。

デジタル・マーケティングは，顧客の情報検索行動や購買行動といったデジタル・データの分析・検証を行うことで，ターゲット顧客に対して効果的なマーケティングを行えると同時に，企業のマーケティング活動における PDCA サイクルのスピード化を可能にしている。

2. データドリブンとオムニチャネル

デジタル・マーケティングは，大きく2つの構成要素から成立している。消費者に対する理解や消費者への接触方法を様々なデータに基づいて考える「データドリブン」と，実店舗とECサイトを消費者に違和感なく横断させる「オムニチャネル」である（**図表11-2**）。

図表11-2　デジタル・マーケティングの構成要素

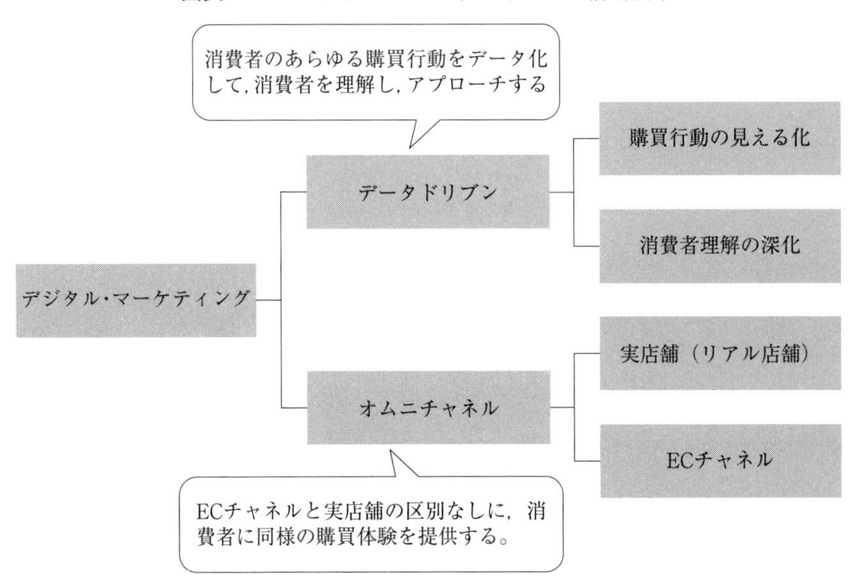

出所：牧田〔2017〕p.36をもとに筆者作成。

(1) データドリブン

データドリブンとは，顧客に対する理解（顧客ニーズの把握）や顧客へのアプローチ手段などについて，収集した顧客の属性データや商品やサービスの購買に至るまでの顧客の行動パターンに関するデータなどを分析することで，業務改善や顧客獲得のための新しい施策の提案を行うことを意味する。従来のマーケティングでは，少なくない場面で勘や経験を頼りにした感覚的な意思決定が行われていたが，デジタル・マーケティングではデジタル・データをもとにターゲット市場を明確に設定し，消費者が購買に至るまでの行動を分析し，製品のプロモーションを特定の購買層に向けて効果的に行うことができる。

情報化が高度に進展し，インターネット上のアンケートフォームやスマートフォンのアプリを通じてデジタル・データの収集が可能になった。さらに今後は，AIでビッグデータを分析し，新製品開発に活用することが期待される。データドリブンはデジタル・マーケティングを推し進めるための中核的な考え方であり，手法なのである。

(2) オムニチャネル

オムニチャネルとは，企業と顧客の接点である実店舗とECチャネルの垣根を取り払い，あらゆるチャネルにおいて顧客が満足度の高い購買行動を行えるようにする流通・販売戦略を意味する。企業は，それまでの消費者との接点が少ない状況や，複数のチャネル間での情報が共有されていない状況によって発生していた販売機会のロスを克服するために，実店舗・ECサイトでの受発注管理・商品管理・在庫管理，物流などの情報管理システムを統合・連携させることで，顧客に対して極めて利便性の高いシームレスな購買体験の機会を提供し，顧客満足度を向上させる必要がある。

デジタル・マーケティングの目的は，データの収集・分析による消費者理解や利便性を追求した購買機会の提供により，顧客との関係性をより強固にすることで，顧客の生活において必要不可欠な存在になることだと考えられる。

3.　デジタル・マーケティングで活用される媒体（メディア）

デジタル・マーケティング，とりわけWebマーケティングの領域において，消費者と企業の接点となりうる媒体（メディア）は，いくつかに分類することができる。様々なWebサービスやアプリが存在する中で，企業はどの媒体を用いて消費者へのアプローチを行えばよいのだろうか。以下で4つの媒体の特徴を見ていきたい。

(1)　オウンド・メディア

企業が自社で所有・管理している媒体である。パンフレットやカタログ，自社店舗，自社のWebサイトやキャンペーンサイト，自社で運営しているメールマガジンなどがこれに該当する。自社が所有するメディアであるため発信する情報のコントロールが可能となり，ブランディングや長期的な集客に適している。すでにWebサイトのアドレスが消費者に認知されている場合や，顧客がカタログやパンフレットを所持している場合など，既存の顧客に対してさらに有益となる情報を発信することも可能である。

Web上で展開するオウンド・メディア（Owned Media）は，他の媒体でのプロモーション展開と比較して，安価に情報を発信できる手段であると同時に，顧客へのアプローチならびに顧客とのコミュニケーションが容易に行える手段であるため，費用対効果の高いプロモーション手段として多くの企業で活用されている。

(2)　ペイド・メディア

これは4マス媒体である新聞，雑誌，テレビ，ラジオをはじめとして，あらゆる媒体の有料広告を意味する。デジタル・マーケティングにおけるペイド・

メディア（Paid Media）には，バナー広告やリスティング広告（検索連動型広告）などがある。バナー広告とは，Webサイトに貼られた画像を使用した広告を指す。Webサイトの広告枠はその多くが目立つ箇所にあることから，印象的な画像やデザインを用いて，消費者に興味を抱かせる役割を担うことが多い。一方で，リスティング広告はインターネット・ユーザーがGoogleやYahoo!，Bingなどの検索エンジンを利用した際に，検索結果が表示されたページの上部や下部[8]に表示されるテキストベースの広告である。検索エンジンを用いてユーザーが任意で検索するキーワードに対して出稿する広告のため，すでにある程度の関心を持ったユーザーを効率よく自社Webサイトに誘導できる可能性が高くなる。

(3) シェアード・メディア

Facebook や Instagram，X（旧 Twitter），TikTok などのソーシャル・メディア，YouTube やニコニコ動画などの動画配信サービス，オンラインならびにオフラインにおける口コミなどがシェアード・メディア（Shared Media）に該当する。オウンド・メディアやペイド・メディアで消費者に伝えられた情報が，消費者のSNSアカウントを通じて他者へ共有されていく。

SNSや動画配信サービスの浸透により，主として一方通行的な情報提供しかできない4マス媒体の影響力は下降傾向にある。そのような状況下で，シェアード・メディアは消費者間コミュニケーションの機会を提供するだけではなく，企業自身がSNSのアカウントを作成することで，消費者へのサポートやアフターフォローの窓口として活用される場合もある。企業はSNS等を通じて，顧客一人ひとりにより近い位置で接することにより顧客からの信頼や忠誠心を獲得することに成功している。

(4) アーンド・メディア

テレビ番組や新聞記事で自社事業が取り上げられるなど，パブリシティをはじめとしたPR活動を行うメディアの総称をアーンド・メディア（Earned Media）という。今日では，4マス媒体に限らず，アルファブロガー[9]や有名YouTuber[10]といったインフルエンサーにも話題として取り上げられることが多い。しかし，第三者目線からの情報は消費者からの信頼度が高い反面，自社による情報のコントロールは極めて難しく，その点は注意が必要である。

（5） PESOモデルの活用

4マス媒体の影響力の低下とともに，企業のPR活動も様変わりしてきている。4マス媒体も含めて様々なメディアを効果的に組み合わせる「メディア・ミックス」という考え方がより重要性を増してきている。

メディア・ミックスとは，複数の媒体を組み合わせることで，それぞれの媒体が持つ弱みを互いにフォローしあいながら，マーケティング（とくにプロモーションやブランディング）の効果を高めて売り上げを伸ばそうとする方法である。PESOモデルは，先述の4メディアから構成される（**図表11-3**）。各メディアの特性を理解して，このモデルを適切に活用することがPRの現場で求めら

図表11-3　PESOモデルの特徴と基本的な流れ

①オウンド・メディア
- 自社が所有する媒体
- 既存顧客への情報発信

②ペイド・メディア
- 有料広告
- 不特定多数へのアプローチ
- 認知していない消費者向け

③シェアード・メディア
- 生活者のSNSやブログ
- 口コミを他者と共有

④アーンド・メディア
- パブリシティ・PR活動
- 第三者の視点⇒信頼度が高い
- 情報のコントロールが困難

出所：《http://www.ad-market.jp/column/2018/09/20180928-01.html》を参考に筆者作成。

れている。各メディアを独立させて捉えるのではなく，全体を見渡して4メディアを柔軟に組み合わせ，デジタル・マーケティングを実施していくことが，上手なメディアの活用方法といえるだろう。

4. デジタル・マーケティングを活用した新しいビジネスモデル

無料サービスから利益を生み出すビジネスモデル「フリーミアム」は，多くのスマートフォン向けのアプリに見ることができるし，映像作品や音楽を楽しむための「サブスクリプション」は，もはやわれわれの日常生活に欠かせない存在となっている。また，「シェアリング・エコノミー」もモノ消費からコト消費へのライフスタイルの変化を推し進める大きな要因の1つである。

以下では，フリーミアムやサブスクリプション，シェアリング・エコノミーの発展とデジタル・マーケティングの関係に着目する。

（1） フリーミアム

フリーミアムとは，「フリー（Free：無料）」と「プレミアム（Premium：割増料金）」という言葉を組み合わせて作られた混成語である[11)]。フリーミアムは，基本となるサービスは無料で提供しながら，高付加価値なサービスや機能に関しては有料で提供することで収益化を図るビジネスモデルのことを指す。フリーミアムはマーケティングの手法として以前から存在しているが[12)]，とりわけインターネットを介したデジタル・サービスとの相性がよい。基本となるサービスが一度出来上がってしまえば，無料で提供するためのコスト（複製をつくったり，不特定多数のユーザーに届けたりする費用）が，ほとんどかからないためである。

無料で提供することによって消費者が自社サービスを利用するための敷居を下げると同時に，無料と有料の境界線を明確にして，有料サービスの優位性を消費者に見せつけることもフリーミアムの特徴といえる。サービスの無料提供でユーザーの間口を広げながらも，一部の熱心な有料サービス利用者を自社の利益確保のために誘導する必要があるからである。

現在では，コンピュータのソフトウェア（基本的な機能は無料，全ての機能を備えた高付加価値版は有料で提供する。例えば，Evernote や Dropbox など。）や，スマートフォン向けのゲームアプリ（基本的なゲーム部分は無料だが，一部アプリ内課金が発生する。例えば，「Fate/Grand Order（アニプレックス）」）などがフリーミアムの代表例である。

フリーミアムは，スマートフォン向けゲームアプリなどを中心に今後も続いていくビジネスモデルと考えられるが，サービスの拡大とマネタイズのためには，無料サービスと有料サービスの比率について事前予測を怠らず，上手にバランスをとっていく必要があるだろう。

(2)　サブスクリプション

「サブスクリプション（subscription）」とは，定期的に金銭を支払うことで特定のサービスやコンテンツにアクセスできる仕組みのことを意味する。本来は，新聞や雑誌の予約購読や日用品の定期購入などを表す言葉であったが，今日ではとくにデジタル・ネットワーク上において特定のサービスを一定期間使用する権利を購入する考え方として「サブスクリプション」の言葉が用いられている。

サブスクリプションが広く認知されるようになったのは，Netflix や Hulu，Amazon プライムビデオに代表されるクラウドを用いた映像配信サービスや，Spotify や Apple Music などの音楽配信サービス，さらには Kindle Unlimited（Amazon）や BOOK☆WALKER（KADOKAWA），楽天マガジン（楽天）などの電子書籍サービスの存在が大きいだろう。PC やスマートフォン，タブレットなどの最低限の機材とインターネット接続環境が必要にはなるものの，場所やデバイスを選ばずにストリーミングで高品質の映像や音楽を楽しむことができ，さらには配信されるコンテンツが自動的にアップデートされるなど，幅広いユーザーのニーズに対応したサービス提供が実施されている。

利用者の利便性を重視したサブスクリプション・サービスの展開を見ると，これまでの「商品を買ってもらう」マーケティングのあり方から「商品を使ってもらう」ことで継続して利益をあげていく新たなマーケティングのあり方に移行していることが理解できる。とくにデジタル上のサブスクリプション・サービスは多数の顧客を抱えても支払うコストに大きな変化が生じにくいことから，消費者に安価で質の高いサービスや満足度の高い体験を提供できることに大きな強みがあると考えられる。

モノの所有にこだわらないライフスタイルを推し進めるサブスクリプション・サービスのあり方は，顧客志向のマーケティングを突き詰めた課金形態の1つと考えられる。

(3) シェアリング・エコノミー

スマートフォンやタブレット端末の普及により，いつでもどこでも容易にインターネットに接続できるようになった。さらには，SNSや動画共有サービスの普及が後押しするかたちで，個人の時間や資産などを不特定多数の人々との間で共有することも徐々に一般化しつつある。ライドシェアや食事，CtoCのマッチング事業に至るまで，様々な場面でモノ消費からコト消費への転換が進んでいる。

シェアリング・エコノミーとは，モノやサービスを自分だけで所有・利用するのではなく，インターネットを介して情報を共有することで，モノやサービスを必要としている人が好きな場所・好きなタイミングでそれらを利用できるという経済概念である。初期投資や維持費といった所有することで生じるコストを削減できるという面が，今日のわれわれのライフスタイルと合致することから，様々なサービスが出現して各種メディアでも取り上げられるようになった。

Airbnbに代表される民泊サービスや，Uberなどの配車サービス，自分が持つ知識や能力をシェアする時間を売買できるTimeTicketなど，シェアリング・

エコノミーは今日様々な分野で見ることができる。インターネットやスマートフォンの普及，AIの活用によって世の中に眠っている様々な資産が発掘され，CtoCで活用される新たなライフスタイルが提案されるようになった。デジタル技術を活用した，共有を前提とした新しいビジネスの萌芽といえる。

フリーミアムやサブスクリプション，シェアリング・エコノミーに見られるように，デジタル・マーケティングは，デジタル技術を介した消費者との関係性強化から生じる新しい価値創造・問題解決のあり方なのである。

【課題レポート】

① あなたのスマートフォンにインストールされているゲームアプリを1つ挙げ，そのマーケティングがどのように実施されているか考察しなさい。

【復習問題】

① デジタル・マーケティングとWebマーケティングの違いを説明しなさい。

＜注＞

1）中西〔2017〕pp.160-164。
2）押切〔2017〕p.2。
3）スタンドアロンとは，コンピュータなどのシステムが，他のリソースに依存しないで，それ単独で機能が使用できることを意味している。
4）デジタルサイネージ（Digital Signage：電子看板）とは，ディスプレイやプロジェクタなどの表示装置に文字や静止画，動画を表示する広告メディアである。デジタルサイネージはメモリーカード等のストレージを利用して，必要な広告情報を保存しておくことで，通信回線を使用しなくても機能することが可能である。
5）SEOとは「Search Engine Optimization（検索エンジン最適化）」である。検索サイトで特定キーワードによる検索を行った場合に，自然検索結果（オーガニック）に自社サイトを上位に表示させることを意味する。SEOによりサイトが上位表示されることで，コストをかけずにサイトの集客を増加させることが可能となる。
6）DMPとは，インターネット上の様々なサーバーに蓄積されるビッグデータや自社サイトのログデータなどを一元管理，分析し，最終的に広告配信などのアクションプランの最適化を実現するためのプラットフォームのことである。《https://dmlab.jp/adtech/dmp.html》（最終閲覧日：2018年9月30日）。
7）マーケティング・オートメーション（MA）とは，顧客一人ひとりの興味関心に応じたコミュニケーションを実現することで顧客との長期的な関係を構築することができるプラットフォームのことである。《https://jp.marketo.com/content/ma.html》(最終閲覧日：2018年9月30日)。

8) 以前は検索結果が表示されたページの右部分にも，リスティング広告が掲載されるものが多かったが，現在はページ上部にのみ広告が掲載されるよう設定されているものがほとんどである。これはユーザーが利用する端末を問わず，一貫した検索体験を提供する目的と，モバイル端末に投入する新しい機能をデスクトップPCの画面にも反映させやすくするための措置である。Matt Mcgee「Google，ウェブ検索結果右側の広告枠を廃止へ」(Marketing Land，2016年2月19日掲載)，《https://marketingland.com/google-removing-ads-from-right-side-of-desktop-search-results-165393》(最終閲覧日：2018年9月30日)。

9) アルファブロガーとは，ブロガーのうち，インターネットの内外でブログの影響力が非常に大きい者や，ブログに多くの読者がついている者などを指す。「アルファブロガー」という言葉そのものは日本国内でしか通用しない。

10) この場合のYouTuberとは，YouTubeにおける動画再生によって得られる広告収入を主な収入源として生計を立てている人物を指す。

11) とくにビデオゲームの場合は，欧米ではFree-to-Playと呼ばれ区別されるのが一般的である。

12) 健康食品や化粧品の無料サンプルもフリーミアムの1つである。

＜参考文献＞

押切孝雄〔2017〕『はじめてでもよくわかる！ デジタルマーケティング集中講義』マイナビ出版。

中西大輔〔2017〕「第10章　インターネット時代におけるマーケティングと消費の変化」阿部真也・江上哲・吉村純一・大野哲明編著『インターネットは流通と社会をどう変えたか』中央経済社。

牧田幸裕〔2017〕『デジタルマーケティングの教科書─5つの深化とフレームワーク─』東洋経済新報社。

第12章

キャラクター・マーケティングの基礎

本章のねらい

日常生活において，われわれがキャラクターを目にしない日はないといっても決して言い過ぎではないだろう。漫画やアニメーションのキャラクターはもとより，企業のマスコット・キャラクターや地方公共団体のご当地キャラクターなどが，プロモーション活動の先頭に立って企業の業績アップや地域経済活性化の一翼を担っている。

本章では，キャラクターがマーケティング，とくにプロモーション活動やブランディングにおいて，どのような機能を果たしているのかを理解することを目標とする。また同時に，キャラクター文化を許容するわが国の特殊性についても簡単に触れていく。

キーワード

キャラクター，コンテンツ・ビジネス，キャラクター・ビジネス，ストーリー消費，データ消費，擬人化，VTuber，V ライバー

1. キャラクターとは何か

(1) キャラクターの語源

キャラクター（character）という言葉の意味を調べてみると,「①性格，人格，②小説・映画・演劇・漫画などの登場人物，③文字，記号」（『広辞苑』（第六版）2008年）となる。現在われわれが用いている「キャラクター」という言葉は，1920年代から始まるアメリカにおけるアニメーション映画の隆盛期に使われていた“Fanciful Characters”（空想上の登場人物）を語源とする説が有力である。フィリックス，ミッキーマウス，ポパイと現在でも人気を誇るキャラクターが登場し，つぎつぎと商品化されるようになった。1950年代には，日本にもそれらのキャラクターが輸入され始めるが，日本では適当な訳語がなかったため「キャラクター」という言葉がそのまま簡単なカタカナ表記で使用され，定着したとされている。

(2) キャラクターの分類

キャラクターを用いた企業ブランドの確立や企業イメージの向上，キャラクターを前面に押し出すことで商品のコンセプトを消費者に対してわかりやすく伝えることは,「キャラクター・ビジネス」や「コンテンツ・ビジネス」という言葉が流行する前から行われてきた。しかし，ここ最近のキャラクター・ビジネス市場は非常に大規模化し，しかも堅調な推移を見せている。矢野経済研究所によると，2015年度のキャラクター・ビジネス市場規模は2兆4,282億円にのぼっている（**図表12-1**）。

キャラクターは，その語源から空想上の登場人物という最低限の定義づけはされているものの，ビジネスにおけるキャラクターの定義は企業・自治体・研

図表12-1　キャラクター・ビジネス市場規模推移

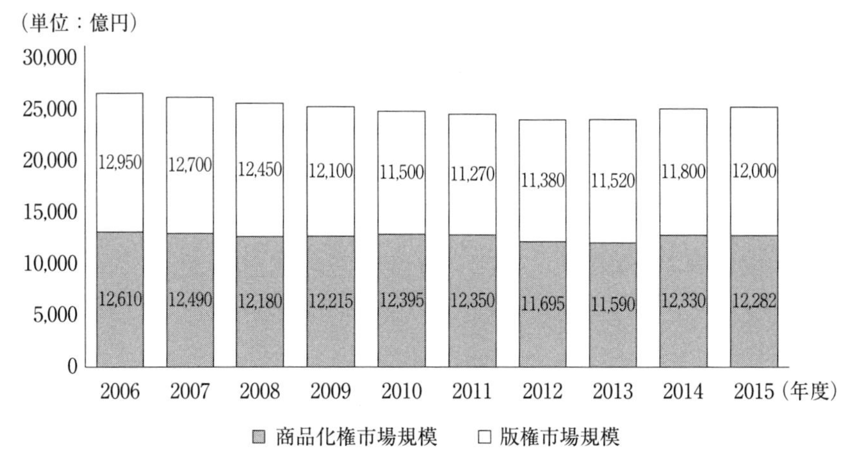

出所：株式会社矢野経済研究所「キャラクタービジネスに関する調査を実施（2016年）」平成28年7月。

究者によって異なると考えられる。キャラクターが膨大な数になるにつれて，キャラクターの分類も非常に多様化してきている。ここでは，とりわけ企業や団体のオリジナル・キャラクターについて，それらが持つ機能を出身媒体別に比較的簡略な形で分類を行う。

① コーポレート・キャラクター：企業名や製品そのものをキャラクター化もしくは企業のアイデンティティを擬人化したものである。企業イメージの向上や消費者とのコミュニケーション・ツールとして用いられることが多い。(例：ドナルド・マクドナルド（マクドナルド），カーネル・サンダース（ケンタッキーフライドチキン），ペプシマン（ペプシコーラ），キョロちゃん（森永製菓），サトちゃん（佐藤製薬）など。)

② パブリック・キャラクター：公共機関や非営利機関，地方公共団体などが作り上げ運用するオリジナル・キャラクターである。公的なサービスを享受する者に親しみを持ってもらうことが主な目的となる。(例：ピーポくん（警視庁），どーもくん（NHK），ぽすくま（日本郵便）など。)

③ イベント・キャラクター：団体などが主催するスポーツイベントや展覧会，博覧会などのために創造されたキャラクターである。最近では，ご当地キャラクターとして，当該イベント終了後も息の長いプロモーション活動を行う場合がある。（例：ひこにゃん（彦根市），せんとくん（奈良県），チーバくん（千葉県）など。）

④ アドキャラクター：広告においてシンボルとなるようなキャラクターであり，メッセンジャーとしての役割を持つ。（例：アンクルトリス（サントリー），ポンタ（ロイヤリティ・マーケティング）など。）

これらはエンターテインメント作品に由来しない，いわばオリジナル・キャラクターである。オリジナル・キャラクターは先述の分類に縛られることなく，様々な機能を横断的に有している場合が多い。こうした企業や団体のキャラクターに非常に多くの活躍の場が与えられている点こそ，日本におけるマーケティングの特徴といえる。近年，日本人のキャラクター消費がより一般化してきたことのあらわれともいえるだろう。

(3) キャラクターを受容する土壌

バンダイキャラクター研究所が2004年11月に3~69歳の男女1,210人を対象に調査を行ったところ，キャラクター商品の所有率は約80%，キャラクター商品への好意率は90%超という結果が出た。調査から約20年経った現在では，キャラクター商品の所有率，好意率ともにさらに上昇していることは想像に難くない。

このように日本でキャラクターが愛好され受け入れられる理由の1つにTVアニメーションの放送本数の増加が挙げられるだろう。1963年に国産初のTVアニメーション「鉄腕アトム」が放送を開始して以来，週1回30分の放映が今日に至るまでTVアニメーション放映の基本スタイルとなっている。1990年代後半以降，急速に放映本数が増加しているが，その大多数は深夜帯に放映されるアニメーションとなっている。作品内容を大人の趣向に合わせたアニメーションがより一般的となったことに加え，動画配信プラットフォームでのアニメ放映が一般化したことで，視聴機会の地域間格差がほぼ解消されたことから，今日では年齢を問わずアニメーションに触れる機会が増加している（**図表12-2**）。

良質なキャラクターを大量に絶え間なく供給する体制が整っていることが，日本の文化的特質とキャラクターの親和性を生んでいる。数百円から買うことのできる文具や雑貨，プラモデル，カプセルトイ，トレーディングカードなど，幼少のころからキャラクターに慣れ親しんだ年齢層がますます購買力をつけてきている。若い世代ほどアニメーションや漫画に対する心理的抵抗も少ないことから，この傾向は今後も継続していくものと考えられる。

図表12-2　日本のTVアニメタイトル数の変遷

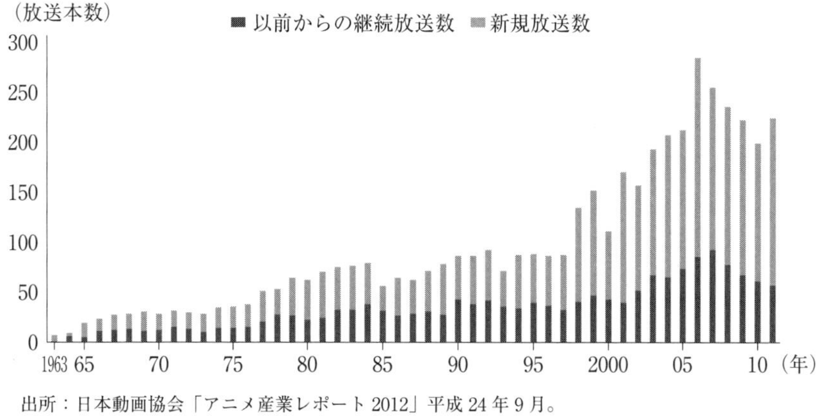

出所：日本動画協会「アニメ産業レポート2012」平成24年9月。

2. キャラクターと企業と消費者

(1) 消費者にとってのキャラクター

キャラクター・マーケティングを考えるとき，消費者がキャラクターを求める理由を探ることは重要であろう。

キャラクターが消費者に提供する感情や意識には，以下の８つがあるとされる。①癒し，やすらぎ，②幼年回帰，③現実逃避，④存在確認，⑤元気･活力，⑥理想自我の表現，⑦友人関係の維持，⑧優越感の獲得，自己表現である。2000 年 10 月にバンダイキャラクター研究所が行った調査では，消費者のおよそ 60% がキャラクターに「やすらぎ」を求めており，その他にも「幼年回帰」や「現実逃避」が 50% 以上の高い割合で求められていることがわかった。このことから生活に癒しを求める層が，よりキャラクター商品の所有率やキャラクターに対する愛着が高いであろうことが推測される。また，消費者の側から

図表 12-3　キャラクター商品購入に働いていると予想される意識

精神的動機 情緒的動機	癒し，やすらぎ
	幼年回帰
	現実逃避
	存在確認
	元気・活力
	理想自我の表現
社会的動機 対人的動機	友人関係の維持
	優越感の獲得，自己表現

出所：石井健一「キャラクター消費とその意識構造」University of Tsukuba, Department of Social Systems and Management, Discussion Paper Series No.1232, 2009.

考えると，他者とのコミュニケーションを円滑に図るツールとしてキャラクターを活用する，いわば同調や他者との差別化と似た心理が働いているとも考えられるだろう（**図表12-3**）。

(2)　企業がキャラクターに求める役割

消費を喚起しようとするならば，商品やサービスの価値を消費者に認識させることが重要となる。キャラクターは話題を創出する機能や注目を集める機能を有している。それゆえにキャラクターを製品に付与することで，製品に関するより具体的なメッセージを消費者に届けることができ，ターゲット・セグメントに対するプロモーションを効果的に行い，販売促進につなげることも可能となる。キャラクターを用いることが製品の認知度向上につながる場合，それはプロモーション戦略において大きなアドバンテージとなる。キャラクターを利用することで製品戦略やプロモーション戦略において発生するメリットを簡単にまとめてみる（**図表12-4**）。

すでに高い知名度を有するキャラクターがプロモーションに用いられれば，製品の認知やイメージ向上などは比較的容易に行うことができるだろう。また，キャラクターそのものの認知度が高くない場合においても，キャラクター自身

図表12-4　マーケティングにおけるキャラクターに求められる役割

A）製品の認知	広告にキャラクターを用いて，自社製品の認知度を向上させる。
B）企業および製品イメージの向上	キャラクターの持つよいイメージを企業や製品に付与する。
C）販売促進	キャンペーンやイベント等でキャラクターを使用することで，製品の販売促進につなげる。
D）消費者とのコミュニケーション	広く認知されているキャラクターを用いることで，消費者とのコミュニケーションをより円滑に進める。

出所：筆者作成。

がマイナスのイメージを持つことはまれであるため，製品イメージの低下にはつながりにくいという利点を持つ。また，製品がキャラクターやそれに付随する物語と結びつくことで，競合企業との差別化を明確に行うことができる点も見逃せないだろう（例：NTT docomo，au，SoftBank の携帯電話３社の TVCM におけるキャラクター群と物語展開）。

（3） コミュニケーション促進手段としてのキャラクター

企業は様々な広告媒体を用いて，消費者に製品や企業に関するメッセージを伝えようとする。これをメディア・ミックスという。しかし，近年スマートフォンやタブレット端末の所持者が急激に増加し，SNS や動画共有サービスの隆盛によって，もはやプロモーションは企業からの一方通行的なものではなくなった。企業が消費者との接点を作り，双方向のコミュニケーションを間断なく行うことは，マーケティング戦略上においても重要視されている。そのため，キャラクターは消費者と製品・サービスを結びつける仲介役として注目を集めている。

キャラクターが消費者とのコミュニケーションにおいて有効に機能する理由として，組織や製品といった一見して無機質なものをキャラクターと結びつけることで楽しさや面白さなどの感情で包みこむ点や，キャラクターと製品がつながることで新たな物語性を与える点など，ビジネスの持つ固いイメージをエンターテインメント化してしまう効果を有している点が挙げられるだろう。活きた感情を持つキャラクターをプロモーションに上手に活用することが，企業と消費者間のいきいきとしたコミュニケーションを惹起するきっかけとなり，ひいてはブランド・エクイティを高めることにもつながると考えられる。

3. キャラクター・マーケティングの変化

(1) ストーリー消費からデータ消費への転換

キャラクターはこれまで主軸となる物語や大きな世界観に基づいて理解され消費されるのが常であったが，今日のキャラクター消費には少し変化が見られるようになった。インターネットの発展やスマートフォンの普及，SNS等コミュニケーション・ツールの発展により，コンテンツやキャラクターのファンの間での情報交換が急激に加速し，よりニッチな情報を求める傾向が顕著になってきたのである。ストーリー消費からデータ消費への転換である。

キャラクターに関する断片的で不十分な情報が提示されることで，消費者自身がキャラクターのイメージや物語を作り上げるようになった。メディア・ミックスの構造変化により，製品やキャラクターが有する物語性に消費者が入り込む余地が多くなり，それぞれの消費者の趣向に合わせた製品を消費者自身が作り上げることが可能となったのである。（例：既存のキャラクターを用いた音楽や動画といった二次創作作品。）

(2) 萌えキャラと擬人化の活用

動植物や無機物，人間ではないものを人間に見立てて表現することを擬人化と言う。擬人化はキャラクターの創造において非常にポピュラーな方法であるが（例：ミシュランマン（ミシュラン）など），日本は擬人化において固有の発展を遂げていく。恋愛シミュレーションなどの美少女ゲームを起源とする「萌え絵」との融合である。萌え絵とはいわゆる美少女キャラクターを描いたものであるが，属性や性格，関係性をパーツ化し，それらの要素を組み合わせることによって消費者好みのキャラクターを作り上げるようになっていった。

このような可愛らしい擬人化キャラクターをパッケージに用いた製品は，アニメーションやゲームに慣れ親しんだ若年層に対する訴求力が非常に高く，とくに20代~30代の独身男性をはじめとした可処分所得に余裕のあるセグメントが，可愛らしいキャラクターが付与された製品に対して積極的な消費を行うようになった。SNSや動画配信サービスなどの浸透も追い風となり，インターネット上におけるクチコミ・マーケティングが非常に効果的になったことで，特定のターゲット・セグメントを狙い撃ちするような話題性を提供できる付加価値の高い製品が数多く販売されるようになった。（例:初音ミク。コンピューターで歌声を合成するソフトウェアに，固有のキャラクター名やビジュアルを配したもの。）とりわけ美少女キャラクターとのコラボレーションが展開されたのは，地方の特産物やお土産品といった商品分野であることは特徴的であろう。地域によっては，美少女キャラクターを付与した製品を販売することで大きな経済効果を生んだものもあり（例:秋田JAうご産あきたこまち。パッケージに美少女イラストを印刷したことで，販売1ヵ月でそれまでの2年分の販売を記録した。），結果として地域おこしにつながった事例も見ることができる。現在では，ターゲット・セグメントとなる顧客層，すなわちアニメーションやビデオゲーム，ライトノベルなどに慣れ親しんだ若年層のすそ野が徐々に拡大しているため，こうした美少女キャラクターを活用した製品の擬人化は今日でも強力なプロモーション効果を発揮し続けている。

（3） VTuber，Vライバーの台頭

2016年末に世界で初めてバーチャルYouTuberを名乗った「キズナアイ」が登場して以降，モーションキャプチャやトラッキング専用ツールを用いて，動画配信プラットフォームなどで2Dや3Dのアバターと配信者の動きを連携させながら活動するキャラクターを数多く見かけるようになった。2022年11月末時点で，VTuberの人数はすでに20,000人に到達しており（株式会社ユーザーローカル調べ），今日では様々な企業や団体とのタイアップを行うなど，爆発的とも言える流行を起こしている。

一般的には，YouTubeをプラットフォームに定めて編集された動画コンテンツを提供する者を「バーチャルYouTuber（VTuber）」と呼称する。「ホロライブ」（COVER）に代表されるように，YouTubeでの動画配信活動に軸足を置きながら，SNSでの高い情報拡散力を武器にバーチャル空間，現実空間の双方でイベントの実施や商品の販促活動を行っている。

それに対して，「バーチャルライバー（Vライバー）」は，ライブ配信プラットフォーム（SHOWROOM，17Liveなど）を主たる活動のフィールドとしており，視聴者との双方向性を高めることに主眼が置かれている。スマートフォンの配信アプリで誰でも容易に配信が開始できる状況になっていることから，動画配信と比較して参入のハードルは低い傾向にある。「にじさんじプロジェクト」（ANY COLOR）を筆頭に，多数のVライバーがライブ配信，動画配信，楽曲制作などの分野で活躍している。

VTuberやVライバーは，アニメ調のキャラクターを模した姿をしていることが多く，配信者自身のパーソナリティ（個性）を前面に出しながらキャラクターを演じるという，一般的な芸能人やインフルエンサーなどとは異なる特性を有している。その一方で，顔出しがなく，現実の容姿に縛られることがないため，現実のパーソナリティに依存しすぎることなく活動の幅を広げることに成功している。

(4)　地域活性化とキャラクター・マーケティング

キャラクター・マーケティングは，地域活性化にも応用されている。ご当地キャラクターによる観光振興や，アニメーション作品や漫画の舞台となった土地を訪れる旅行形態「コンテンツ・ツーリズム」である。

ご当地キャラクターは，それぞれの地方公共団体が独自にデザインしたものが多く，広告にかかるコストを大幅に抑えながら地域の情報を適切なタイミングで発信できることが大きなメリットと言えるだろう。

ここで注意しなければならないのは，ご当地キャラクターが地域ブランディングのツールとして機能する点である。そのため，観光客や地域住民に飽きられる事態を招くことや第三者によってキャラクターが間違った使い方をされることは極力避けなければならない。そうした問題を解決するために，現在では，ご当地キャラクターの多くは地方公共団体の「ブランド推進課」などの部署によってマネジメントされ，ご当地キャラクターが地域イメージの向上に役立つと同時に，キャラクターの収益化を図るための努力が行われている。（例：くまモン（熊本県）。キャラクターの使用料は，小売価格の５～７％（熊本県内企業は３～５％）に設定。収益は品質審査や偽物対策に使われる。）

また，近年コンテンツ・ツーリズムの分野においては，日本の知的財産であるアニメーションなどを活用して，国内外の観光客を主に地方に送り込むことを目指している。2016年９月にはアニメツーリズム協会が設立されるなど，その活動は活発化してきている。これまでは，主にアニメーション放映後にファンが自主的にロケ地（舞台）巡りをしていたものが，ここ数年でアニメーション作品の版元と地方公共団体との間で緊密な連携をとることで，情報発信のタイミングや観光ルートの選定など，きめ細やかなサービスを観光客に対して提供できるようになってきた。コンテンツ・ツーリズムの成功事例（例：埼玉県久喜市の『らき☆すた』，茨城県大洗町の『ガールズ＆パンツァー』など。）が各種メディアで大きく取り上げられたことも追い風となり，地域住民のアニメーションや漫画に対する理解もこれまでに比べると深まっているように見受けられる。ただし，アニメーションや漫画に関する地方公共団体の取り組みが増えることで気を付けなければいけないのは，キャラクターのブランドを保護し，ファンの作品舞台に対する思いを踏みにじることがないように，地域住民もライセンス（版権）ビジネスについて学んでいかなければならない点であろう。アニメーションや漫画などのコンテンツによって地域ブランドの価値を高めるために観光振興に取り組む地方公共団体は，今後も増加していくことが予想される。このような新しい観光活動において，キャラクター・マーケティングは地域と作品をつなぐ基本的な考え方の１つとして機能することになるだろう（**図表 12-5**）。

図表12-5　キャラクターを用いた観光振興の推進フレーム

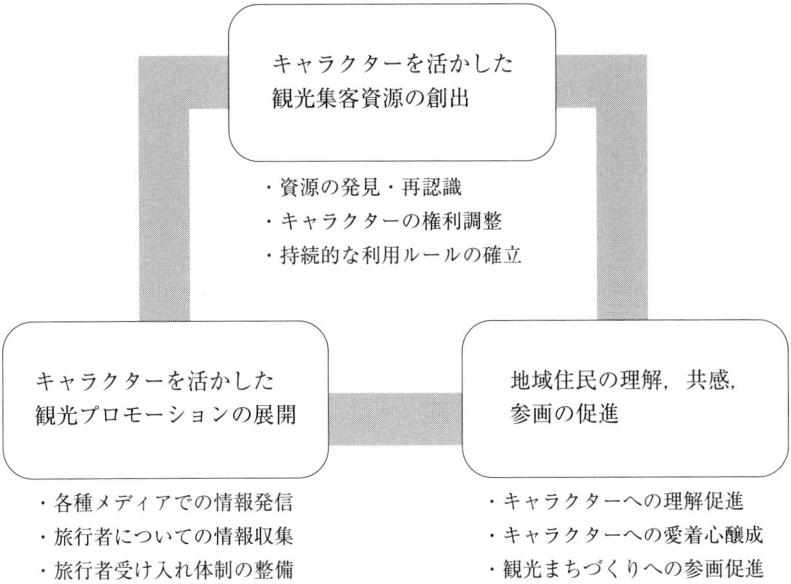

キャラクターを活かした
観光集客資源の創出

・資源の発見・再認識
・キャラクターの権利調整
・持続的な利用ルールの確立

キャラクターを活かした
観光プロモーションの展開

・各種メディアでの情報発信
・旅行者についての情報収集
・旅行者受け入れ体制の整備

地域住民の理解，共感，
参画の促進

・キャラクターへの理解促進
・キャラクターへの愛着心醸成
・観光まちづくりへの参画促進

出所：コンテンツツーリズム学会〔2014〕p. iv。

【課題レポート】

① 興味のある企業キャラクターもしくはご当地キャラクターを1つ挙げて，どのようにしてキャラクター・マーケティングを展開しているのか調べてポイントをまとめなさい。

【復 習 問 題】

① キャラクター・マーケティングがとりわけ日本で有効に機能する理由を述べなさい。

<参考文献>

青木貞茂〔2014〕『キャラクター・パワー―ゆるキャラから国家ブランディングまで―』NHK出版。
東浩紀〔2001〕『動物化するポストモダン―オタクから見た日本社会―』講談社。
岡本健編著〔2015〕『コンテンツツーリズム研究―情報社会の観光行動と地域振興―』福村出版。

草間文彦〔2017〕『ライセンスビジネスの戦略と実務―キャラクター＆ブランド活用マネジメント―（第2版）』白桃書房。
熊本県庁チームくまモン〔2013〕『くまモンの秘密―地方公務員集団が起こしたサプライズ―』幻冬舎。
公益財団法人情報通信学会コンテンツビジネス研究会編〔2017〕『コンテンツビジネスの経営戦略』中央経済社。
コンテンツツーリズム学会〔2014〕『コンテンツツーリズム入門』古今書院。

第 13 章

サービス・マーケティングの基礎

本章のねらい

近年，モノのマーケティングを発展される形でサービスの説明を試みた，従来のサービス・マーケティング（グッズ・ドミナント・ロジック：G-D ロジック）とは異なるアプローチとして，サービス・ドミナント・ロジック（S-D ロジック）が注目を浴びている。本章は，従来のサービス・マーケティングとサービス・ドミナント・ロジックを比して，その「サービス」の捉え方の違いから両者の差異への理解を深めることを目的としている。

キーワード

有形財，無形財，生産と消費の同時性，非均質性，消滅性，
マーケティングの 7P，グッズ・ドミナント・ロジック（G-D ロジック），
サービス・ドミナント・ロジック（S-D ロジック）

1. サービス・マーケティング（G-D ロジック）

(1) サービス・マーケティングの成り立ち

サービス・マーケティングは，モノと同様に「価値が製品（あるいはサービス）に埋め込まれていること」を前提としている。サービス・マーケティングは，上記の価値概念を踏まえた上で，モノとサービスとの差異を捉え，両者を区別し理解しようと試みた。その差異とは，有形か無形か，特性の差異，マーケティング・ミックスの差異である。

(2) 有形財と無形財のマーケティング

モノとサービスは，「形があるかどうか」という基準で分類される。一般に，モノは形のある「有形財」で，サービスは形のない「無形財」だと言われているが，実際には，有形財と無形財は組み合わされて販売されている。この組み

図表 13-1 パソコンと航空サービスにおける製品の核と周辺部分

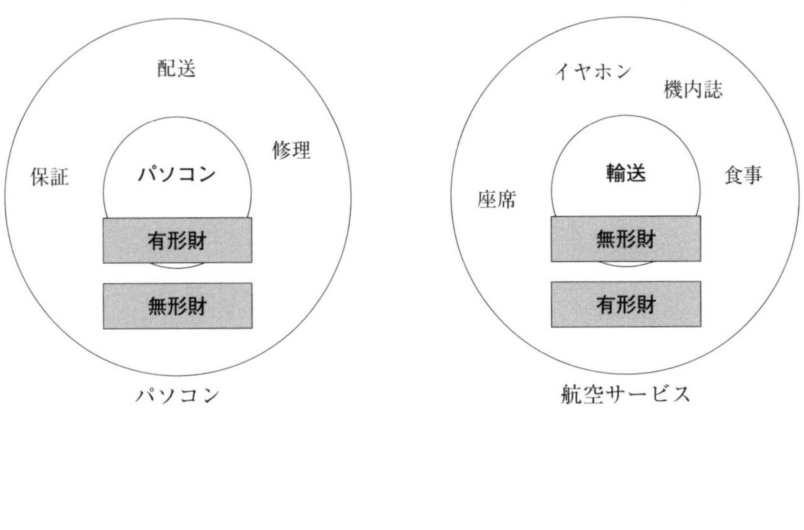

合わせは，企業（モノの場合は製造業者や小売業者，サービスの場合はサービス提供企業）によって価値が埋め込まれ，1つのパッケージとして顧客に提供される。

図表13-1は，パソコンと航空サービスにおける有形財と無形財の位置づけを示したものである。どちらも有形財と無形財を組み合わせて販売されている財であるが，製品の核となる部分（中心円）に有形財がくる財は「物財」として扱われ，有形財のマーケティング手法が用いられる。右図のように製品の核となる部分に無形財がくる財は「サービス財」と呼ばれ，サービス・マーケティングの対象となる。上記の例では，パソコンと組み合わせて販売されている「配送」や「保証」サービスは，有形財に付属した「補足的サービス」であるため，サービス・マーケティングの対象とはされない。一方で，航空サービスのように，核になる部分に無形財が位置づけられ，周囲に，機内で提供される食事や飲み物など「補足的なサービス」が位置づけられるものを「サービス財」と呼び，サービス・マーケティングの対象とする。

(3)　モノとサービスの違いに基づくサービス特性

サービス・マーケティングは，モノとサービスを有形性・無形性という軸で分類することから始まったが，形の有無のみならず，特性のレベルに落とし込んでその違いが捉えられるようになった。ここでは，Zeithaml, Parasuraman, Berryが整理したサービスの特性[1)]を示す。

①　無形性

モノとサービスの違いとして，第一に挙げられるのが，モノは「目に見える」「形がある」のに対し，サービスは「目に見えない」「形がない」，つまり「無形」であるということだ。無形であるがゆえに，サービスは，顧客に製品を見せることができない，特許による保護ができない（他社に模倣されやすい），価格設定が難しいという特性がある。

② 生産と消費の同時性

モノは，生産してから消費するまでかなりの時間を要する。一部のモノを除いて，生産者と消費者が顔を合わせることはない。一方で，サービスは生産と消費が同時である。テーマパークは，その場で従業員が生産し来場者が園内で消費する。つまり，その場に居なければ，消費することはできない。これを「生産と消費の同時性」と呼ぶ。生産と消費が同時であるため，顧客はサービスの生産に積極的に参加しなければならない。また，他の顧客も，周囲の顧客と同様，サービスの生産に協力することが求められている。

③ 非均質性

モノは，生産し出荷するまでに品質管理が可能である。品質管理によって，不良品を除去することができるため，モノは常に品質を一定に保つことができる。サービスは，サービス提供者が異なれば，同じサービス・同じ価格であっても品質に差が出る。さらに，同一のサービス提供者であっても，日時や時間帯によって，サービスの品質は異なる。これをサービスの「非均質性」という。このことから，サービスは，標準化と品質管理が困難であると言える。

④ 消滅性

サービスは，先に示した生産と消費の同時性から，生産と同時に消滅する。モノは，生産し在庫を持つことが可能だが，サービスは在庫を持つことができない。これをサービスの「消滅性」と呼ぶ。在庫を持つことができないために，サービス提供者が提供できる量には限りがある。また，映画館のようなサービス施設は，提供可能な量が一定であり，売れ残りを在庫にすることはできない。このように，サービスの消滅性と，サービス提供者の提供能力とサービス施設の提供能力の限界には，密接な関係がある。

(4) サービス・マーケティングの7P

サービス・マーケティングにおいて，モノとサービスは様々な点で比較され，その差異が検討されたが，本項では先に示した2つの違いに続いて，マーケティング・ミックスの差異を示す。サービスのマーケティング・ミックスは，「サービス・マーケティングの7P」[2)]と呼ばれ，McCarthyが提唱したマーケティングの4Pを，Kotlerが拡張したものである。

マーケティングの4Pは，①Product（製品），②Price（価格），③Promotion（広告・プロモーション），④Place（流通）であった。サービス・マーケティングの7Pでは，これら4Pに⑤Physical Evidence（物的証拠），⑥Process（プロセス），⑦People（人）が加わる。

ここでは，サービス・マーケティングにおける7つのPについて説明する。

①　Product（サービス財）

マーケティングの4Pでいう「製品」は，サービス財を示している。企業は，核となるサービスを提供できているか，周辺的サービスとの組み合わせは適切か，考慮する必要がある。

②　Price（価格）

サービスの価格を付けるのは難しい。モノの価格は，基本的に変化しない。一方で，サービスは，全く同じサービスであっても，価格を変化させることで需給のバランスを取っている。施設や乗物など，供給量が一定であるサービスは，日々，価格による需給調整を行っている。

③　Promotion（広告・プロモーション）

サービスの広告は難しい。顧客に過度な期待を抱かせると失敗し，全く期待を抱いてもらえないと顧客はサービスを購入しない。サービス・マーケティングにおける広告・プロモーションは，期待と提供可能なサービスとのバランスや，クチコミの管理が課題である。

④　Place（流通）

サービスは，「生産と消費の同時性」からわかるように，流通チャネルを必要としないものが多い。そのかわりに，サービスが受けやすいように，利便性を考えた店舗の立地を考慮しなければならない。

⑤ Physical Evidence（物的証拠）

サービスは形がなく，手に取って品質を確認することができない。そのため，目に見える形で「製品の品質を示す手がかり」を顧客に提供する。この手がかりを「Physical Evidence」と呼んでいる。

⑥ Process（プロセス）

サービスは，生産と消費が同時に行われることが多い。そのため，提供開始から終了までの過程が重要視されている。このプロセスをいかに管理するかがサービスのマーケティング戦略における重要な課題の１つである。

⑦ People（人）

モノとサービスの違いにおいて，繰り返し述べてきたことは，「人」が果たす役割が大きいことである。サービスは「人（サービス提供者）」が提供するものであり，「人（顧客）」の協力や参加が必要である。このような「人」の重要性を示したのが，People（人）である。

サービス・マーケティングにおいては，サービスの種類や特性に基づき，これら7Pをうまく管理することが求められている。

これまで，有形財と無形財が複数組み合わされることによって，「物財」や「サービス財」が形成されること，モノとサービスの特性の違い，サービス・マーケティングの7Pについて述べてきた。これらは，従来のサービス・マーケティングの概念であるとされ，サービス・ドミナント・ロジックによると，「グッズ・ドミナント・ロジック（G-Dロジック）」と呼ばれる。次節では，サービス・ドミナント・ロジックの基本的な考え方と，サービスの捉え方について概説する。

2.　サービス・ドミナント・ロジック（S-D ロジック）

(1)　サービス・ドミナント・ロジックの基本的な考え方

サービス・ドミナント・ロジックは，Vargo and Lusch によって提唱された概念であるが，ここで説明するにあたってはじめに示しておきたいことは，この概念が「無形財（彼らはサービシィーズと呼ぶ）」にのみ適用されるものではないということだ。Vargo and Lusch〔2004〕は，「サービスは①余剰物（有形財でないもの）として限定的に扱われるサービシィーズという概念でもなく，②製品の価値を高めるために提供されるものでもなく，③保険医療・行政・教育のようなサービシィーズ産業として分類されるものでもない」[3] と説明している。

従来のサービス・マーケティングが，企業から提示された価値が埋め込まれたサービスを消費者が貨幣と交換することを前提としているのに対し，サービス・ドミナント・ロジックは，アクターと他のアクターとの間でサービスを交換するプロセスであるとしている。

(2)　サービス・ドミナント・ロジックに基づく財の捉え方

従来のサービス・マーケティング（G-D ロジック）とサービス・ドミナント・ロジック（S-D ロジック）の違いを理解するにあたって，田口〔2017〕をもとに，オペランド資源とオペラント資源について説明する。

「オペランド資源とは，効果を生み出すには操作が施される必要のある資源である。有形で静的で，そして有限な資源（グッズ，機械設備，原材料，貨幣）である。

オペラント資源とは，効果を生み出すためにオペランド資源（や他のオペラント資源）に操作を施す資源のことである。それは，目に見えず，触れることができず，動的でそして，無限な資源（例えば，知識，スキル，技術）である。」[4)]

ここでは「美容院におけるサービス」という同じ事例を用い，従来のサービス・マーケティングとサービス・ドミナント・ロジックによる財の捉え方を説明しておきたい。従来のサービス・マーケティング（G-D ロジック）においては，美容院におけるサービスは，美容室および美容師によって顧客に一方的に提供されるものであり，髪をカットする，カラーリング，パーマなど（Product）・価格（Price）・広告（Promotion）・美容院の立地（Place）・美容院のインテリア（Physical Evidence）・施術開始から終了までのプロセス（Process）・美容師と顧客のサービス・プロセスへの参加（People）が，その 7P として挙げられるであろう。サービス提供側の企業は，先に示した 7P をどのように組み合わせて顧客に提供するかが課題となり，顧客はこの一連の過程を通じて得られる価値に対して，どの程度の価格を支払うのかが問題になる。

一方で，サービス・ドミナント・ロジックにおいて，美容室におけるサービスは，顧客の髪，使用されるハサミ・シャンプー・カラー剤・パーマ液をオペランド資源，美容師が持つ技術や知識・スキルをオペラント資源とする。「美容師が髪を切る」ことは，顧客の髪，ハサミ，シャンプーというオペランド資源に，髪のくせや顧客の顔の形を踏まえて髪を切るというオペラント資源を適用することである。これらはサービス・ドミナント・ロジックにおいて，売り手側のサービスと見なされる。この美容院を訪れて髪を切るということは，美容院の内装，椅子というオペランド資源に対して，施術の内容を理解する知識，シャンプー台への上がり方等の動作という顧客のオペラント資源を適用することである。これを買い手側のサービスと呼んでいる。サービス・ドミナント・ロジックのポイントは，これらを売り手と買い手による価値共創のプロセスと捉え，価値は顧客から一方的に提示されるものではないと考えるところにある。

このように，従来のサービス・マーケティング（G-D ロジック）とサービス・ドミナント・ロジック（S-D ロジック）は，同一のサービスを対象とした場合にその「レンズを変えた」ものと捉えることができる。

【課題レポート】

① サービス財とはどのようなものか説明しなさい。

② サービスの特性を挙げ，その内容について説明しなさい。

【復 習 問 題】

① サービスの「生産と消費の同時性」について説明した上で，生産と消費が分けられるサービスの事例を1つ挙げなさい。

② G-D ロジックと S-D ロジックにおける財の捉え方の違いを，事例を交えて説明しなさい。

<注>

1）Zeithaml, et al.〔1985〕p.35.
2）Kotler and Bloom〔2002〕p.7.
3）Vargo and Lusch〔2004〕p.2.
4）田口〔2017〕p.12.

<参考文献>

浅井慶三郎〔2003〕『サービスとマーケティング―パートナーシップマーケティングへの展望（増補版）』同文舘出版。

田口尚史〔2017〕『サービス・ドミナント・ロジックの進展―価値共創プロセスと市場形成―』同文舘出版。

山本昭二〔2007〕『サービスマーケティング入門』日本経済新聞社。

Gummesson, E.〔1995〕"Relationship Marketing: Its Role in the Service Economy," in Glynn, W. J. and J. G. Barnes ed., *Understanding Services Management: Integrating Marketing, Organisational Behaviour, Operations and Human Resource Management*, Oak Tree Press, pp.244-268.

Kotler, P.〔2001〕*Marketing Management Millennium Edition*, Prentice Hall.（恩藏直人監修，月谷真紀訳〔2001〕『コトラーのマーケティング･マネジメント』ピアソン･エデュケーション。）

Kotler, P., T. Hayes and P. N. Bloom〔2002〕*Marketing Professional Services*, 2nd. ed., Learning Network Direct.（白井義男監修，平林祥訳〔2002〕『コトラーのプロフェッショナル・サービス・マーケティング』ピアソン・エデュケーション。）

Lovelock, C.〔1983〕"Classifying Services to Gain Strategic Marketing Insights," *Journal of Marketing*, 47(3), pp.9-20.

Lovelock, C. and J. Wirtz〔2007〕*Services Marketing: People, Technology, Strategy*, 6th ed., Prentice Hall.（白井義男監修，武田玲子訳〔2008〕『ラブロック&ウィルツのサービス・マーケティング』ピアソン・エデュケーション。）

Lusch, R. F. and S. L. Vargo〔2014〕*Service-Dominant Logic: Premises, Perspectives, Possibilities*, Routledge.（井上崇通監訳，庄司真人・田口尚史訳〔2016〕『サービス・ドミナント・ロジックの発想と応用』同文舘出版。）

Shostack, G. L.〔1997〕"Breaking Free From Product Marketing," *Journal of Marketing*, 41(2), pp.73-80.

Vargo, S. L. and R. F. Lusch〔2004〕"Evolving to a New Dominant Logic for Marketing," *Journal of Marketing*, 68(1), pp.1-17.

Zeithaml, V. A.〔1981〕"How Consumer Evaluation Processes Differ between Goods and Services," in Donnelly, J. H. and W. R. George, *Marketing of Services*, Chicago American Marketing Association.

Zeithaml, V. A., A. Parasuraman and L. Berry〔1985〕"Problems and Strategies in Services Marketing," *Journal of Marketing*, 49(2), pp. 33-46.

第 14 章

グローバル・マーケティングの基礎

本章のねらい

企業のグローバル化が進んでいる。そのグローバル・ビジネス展開に応じて，マーケティング活動も変化する。国や市場によって文化や生活習慣が異なることから，マーケティング活動でも考慮しなければならないからである。そのため，製品戦略や価格戦略といったマーケティング戦略の個々について，グローバルな対応が求められる。

本章では，グローバル・マーケティングはどのような活動なのかについて確認したのち，グローバル・マーケティング活動におけるタスクと文化への考慮について，次にその活動における戦略について，最後にグローバル・ブランドからグローバル・マーケティングの重要性について学ぶ。

キーワード

グローバル・マーケティングタスク，文化，標準化，適応化，
グローバル・ブランド，グローバル製品

1. グローバル・マーケティングとは

(1) マーケティングとグローバル・マーケティング

ここまでマーケティングについて学習してきたが，このマーケティングとグローバル・マーケティングの違いは何であろうか。

グローバル・マーケティングの最も大きな特徴は，対象となる消費者が海外市場の消費者ということである。例えば，日本の企業がアメリカでマーケティング活動をする場合は，対象がアメリカ市場の消費者となることからグローバル・マーケティング活動となる。日本の企業が海外市場に参入する数を増やして，アメリカとイギリスとオーストラリアでマーケティングをする場合も，同様にグローバル・マーケティング活動となる。一方，アメリカの企業が日本市場でマーケティング活動をする場合も，グローバル・マーケティング活動となる。つまり，グローバル・マーケティングは，ある企業にとって本社（あるいは本部機能）の所在する市場以外の市場に進出した際に行うマーケティングということになる。

では具体的に，どのようなマーケティング活動を行うのであろうか。例えば，日本でチョコレートを1個200円で販売する日本企業がアメリカ市場に進出し，そのチョコレートを販売しようと考えた場合，日本と同様に200円で販売して売れるとは限らない[1)]。アメリカ市場の競合他社は，同容量でもっと安価に販売しているかもしれない。あるいは，同じ価格でもっと容量が多いかもしれない。その市場には，その市場の競争相手となる企業がいる。そのため，マーケティング対応においては，それら企業が販売する商品とその価格から比較検討し，自社商品の価格を設定する必要がある。そして，そのチョコレートを販売する際，対象となる消費者はアメリカ市場の消費者である。その企業の本社が所在する日本市場の消費者とは嗜好が異なる場合も多い。日本の消費者よりもアメリカの消費者の方が甘味の強いチョコレートを好む場合，既存の商品を少し改良する必要があるかもしれない。この場合のマーケティング対応は，その市場に合わせた商品企画ということになる。

このように，対象となる消費者の嗜好や習慣，特徴などが異なると，それに合わせた対応が求められる。それが企業にとって海外市場の消費者の場合，グローバル・マーケティング活動をするということになる。

(2)　グローバル・マーケティングタスク

グローバル・マーケティングを行うためには，対象となる市場のビジネス環境，消費者の嗜好性を含めた文化などを加味したマーケティングプログラムを策定する必要がある。そもそも，企業を取り巻く環境には，企業がコントロール不可能な要因が多数存在する（**図表14-1**）。国内市場にも海外市場にも共通のコントロール不可能な要因は，経済状況，法律・政策，他社との競争環境で

図表14-1　グローバル・マーケティングタスク

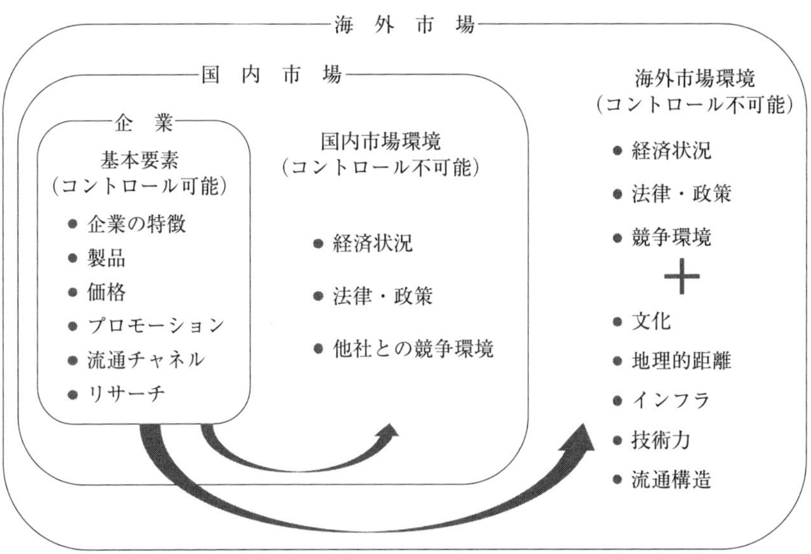

注：原出典を日本語訳し，再構成。
出所：Cateora, et al.〔2009〕pp.11.

ある。ある日本企業が，日本や海外市場の経済状況を一方的に上げることはできない。同様に，1つの企業の思惑で，日本や他国の法律を思い通りに制定することは不可能である[2)]。その他にも，海外市場に存在するコントロール不可能な要因としては，後述する文化や地理的距離，インフラなどが挙げられる。

このような市場環境において，企業が自らコントロールできるのは，4Pおよび企業の有する資産や調査である。このコントロールできる要素を利用して，グローバル戦略を練り，プログラムを策定することになる。先に挙げたチョコレートの例は，このコントロールできる要素による対応である。

それらは，各市場においてすべて同じプログラムの場合もあれば，市場ごとに異なる場合もある。企業は，どの市場ではどのような要素をコントロールすれば消費者に受容されるのかを検討し，実行する。

(3) グローバル・マーケティングと文化

グローバル・マーケティングタスクにおいて，海外市場に存在するコントロール不可能な要素の1つとして挙げられているのが，文化である。文化は，オランダの人類学者 Hofstede による「1つの集団やカテゴリーのメンバーを他のそれらから区別する集合的な心理プログラミング」をはじめとして，関連性のある集まり，他とは区別される強制力を持つ集団などと定義されている[3)]。その文化は，国境によって境界づけられることもあれば，国境を越えることもある。グローバル・マーケティングは国境を越える文化，越えない文化に関わらず，多文化に対応することが求められる。なぜなら，マーケティングは消費者にアプローチするものであり，その消費者は文化的な集団のメンバーだからである。

その文化には，言語や社会生活における慣習，美的感覚，教育レベルなどが含まれる。では，グローバル・マーケティング活動において，これら文化についてどのような考慮が求められるのであろうか。ここでは，言語を考えてみよう。言語には多様性がある。1つの言語が多くの国で話される多様性，そして1つの国で多くの言語が話されるという多様性である。まず，前者の例に英語を挙げる。英語はイギリス，アメリカ，カナダ，オーストラリア，ニュージーランド等の公用語であるが，それぞれの国で使われている言葉や表現は一定とは限らない。例えば野菜のナスは，アメリカでは eggplant という言葉が使われており，同国のスーパーマーケットのナス売場では，eggplant と表示されている。しかし，イギリスでは aubergine という単語が使われているため，イギリスのスーパーマーケットで eggplant と表示されているナス売場は見かけない。これらの国でナスを販売したい企業は，2つの言葉の使い分けを考慮することになる。では，1つの国で多くの言語が話される場合はどうであろうか。例えば，スイスにおける公用語はドイツ語，フランス語，イタリア語，ロマンシュ語の4言語である。それぞれの言語が主として話される地域も分かれている。同国で製品を販売するときには，言語別に製品パッケージを製造する，あるいは複数言語を併記して販売するといった対応を考慮することになる。

2.　グローバル・マーケティング戦略

(1)　グローバル市場とマルチナショナル市場

グローバル・マーケティングのプログラムは，各市場において同じプログラムの場合もあれば，市場ごとにプログラムを変える場合もある。それは，企業が選択する戦略によって異なる。

グローバルに事業を展開する代表的な企業形態には,「グローバル企業」と「マルチナショナル企業」の2種類がある[4)]。この2つは，市場の捉え方と関係する。主として，前者は世界の市場を1つと捉えて事業を行い，後者は世界の市場をひとつひとつの国が集まってできた市場と捉えて事業を行う。前者が捉える市場をグローバル市場，後者が捉える市場をマルチナショナル市場と言う。

(2) 標準化と適応化

次に，グローバル企業およびマルチナショナル企業が取りうるマーケティング戦略を見ていこう。1つめの戦略は，標準化戦略である。標準化戦略とは，製品や広告宣伝といった企業の個々のマーケティングプログラム，あるいはマーケティング戦略そのものを全世界的に一様に適用する戦略である。標準化戦略をとる企業は市場をグローバル，つまり国や地域，文化や習慣が異なっても共通点を見つけることにより，市場を1つと基本的にとらえている。そのため，グローバル企業が採用しやすい。この戦略をとるメリットは，「コストの節減」「組織の簡素化」「規格の統一化」などが挙げられる[5)]。ただし，各市場が有する事情やニーズに対応することが難しい点は，デメリットである。その市場のニーズに合わない商品やサービスを提供することがあり，場合によっては市場から撤退という可能性もある。

一方，マルチナショナル企業は，適応化戦略を採用することが多い。これは，参入した市場独自の特性，文化や商習慣などの差異をもとに，自社のマーケティングプログラムを市場ごとに合わせていく戦略である。マルチナショナル企業は，世界を異なる文化習慣を有する国が集合した市場と捉えているため，適応化戦略を採用しやすいのである。この戦略をとるメリットは，「市場のニーズに対応」「現地市場の流通チャネルに適応」などが挙げられる。これにより，各市場の事情やニーズに合わせて，きめ細やかな対応ができることから，各市場の競合他社との競争にも適応しやすく，市場を占有できる可能性もある。ただし，各市場に合わせることからコストがかかり，組織は複雑化し，規格は統一化が難しくなるというデメリットもある。

(3) 適切な戦略の選択基準

しかし，いつもグローバル企業が標準化戦略を，マルチナショナル企業が適応化戦略を採用するとは限らない。企業にとっての有効な戦略の選択は，産業により，競合企業の動向により，その企業が取り扱う商品や海外市場に進出するタイミングなどによっても異なる。ただし，一定の傾向がある。それは，企業が市場で提供する製品やサービスの特長による選択基準である。Ratchfordは，製品が思考型と感情型の別によって消費者の購買行動が異なり，適切なマーケティング戦略も異なると述べている[6)]。思考型とは，自動車やパソコン，医薬品など論理的・分析的に購買される商品を指している。これらを購入する際には，価格とともに主要属性が考慮される。例えば，車であれば燃費率，パソコンであればハードディスク容量が主要属性である。これらの属性は，数値で優劣を測ることができる客観的判断基準を有する。そしてこの基準は，ほとんどの場合において国や文化習慣を問わず共通である。このような製品を製造販売する企業は，世界の市場を１つと捉えることができることから，標準化戦略を採りやすい。

一方，感情型とは，食品や衣料品など直感的・イメージ的に購買される商品を指している。これら商品も購入されるときには，価格やサイズとともに主要属性が考慮される。例えば，食品であれば味，衣料品であればデザイン，色などである。同じデザイン，サイズ，価格のＴシャツがあり，１枚が赤色，もう一枚が青色だったとしよう。その際，この２つに対して優劣の判断はできない。赤より青が優位であることはなく，逆に青より赤が優位であるわけでもない。このような属性は数値で優劣を測ることができず，あくまで個人の志向により商品の購入が決定される。つまり，感情型の商品は，客観的判断基準がない商品である。そして，その志向は個人が属する国や文化や習慣の影響を受ける。そのため，このような客観的基準を有さない商品を海外市場で販売する際には，各市場の文化や習慣に適応させていく適応化戦略をとる必要がでてくるのである。

この考え方は，製造業だけではなく，サービス業にも当てはまる。例えば小売業であれば，自社のある市場と同一の店舗業態や付随知識を参入市場においても実施させやすい場合は標準化戦略，参入市場別に店舗業態や付随知識を変化させ適応する場合には，適応化戦略を選択することになる。

(4) 標準化と適応化の部分的な適用

世界の市場でマーケティング活動を行う企業の戦略は，大きく2つに分かれることを示したが，ある企業がどちらかの戦略しかとらないというわけではない。先に挙げた思考型の製品は標準化戦略をとりやすいが，価格やプロモーションも標準化戦略がとりやすいとは限らない。例えばApple社は，世界に販売するスマートフォンiPhoneにおいて，製品は基本的に標準化戦略をとっているが，流通やプロモーションは適応化戦略をとっている。また，ファストフードのマクドナルド社は，商品ごとに標準化と適応化の戦略を使い分けている。同社が店舗で提供する商品は食品である。つまり，先に挙げた分類では，感情型に当てはまるため，適応化戦略の採用が想定される。日本マクドナルド社によれば「てりやきマックバーガーのような日本で開発された商品には，他国にはない独自の原材料や味付け」をするなど，たしかに各国ごとに適応化戦略をとっている商品がある[7)]。しかしその一方で，同社が販売するハンバーガーなどは，世界中のマクドナルドで販売されている共通の商品であり，それらは「全て同じ原材料，同じ味」になっている。標準化戦略をとっている商品もあるのである。

このように，企業は提供する商品や自社の有する資源をもとに，コントロール可能なマーケティング要素を考慮した上で，どの部分では標準化戦略をとるか，どの部分では適応化戦略をとるのが有効なのかを決定していく必要がある。

3. グローバル・ブランドとマーケティング

ここまで，世界で製品やサービスを販売する際のグローバル・マーケティング活動では，各市場の特性・特徴を理解して対応すること，その上でコストをできる限り削減しつつ高品質な製品・サービスを世界に展開することが求められることを学んだ。

では，このようなマーケティング活動を行い，世界の消費者に支持されるのはどのような企業なのであろうか。最後に，グローバル・ブランドとその価値を高めている企業を紹介し，グローバル・マーケティングにおけるブランドについて学習する。

(1)　グローバル・ブランドとは

グローバル・ブランドとは何であろうか。ブランドの定義は第6章で定義された通りである。グローバル・ブランドは，端的に言えば「他の売り手のそれと異なるものと認識するための特徴」が，世界的に統一されているものである。Aakerは，ブランドの価値とは，製品やサービスの価値を増大させるブランド名やシンボルと結びついた資産と述べている[8)]。世界最大のブランディング会社インターブランドは，毎年発表するグローバル・ブランド価値評価ランキング「Best Global Brands」での対象企業について，主要基盤地域以外の売上高が30%以上であること，北米・欧州・アジア地域で相応のプレゼンスがあり，新興国も広くカバーしていること，主要基盤地域のみならず，世界の主要な国々で一般に広く認知されていることなどを挙げている[9)]。このように，海外市場での売上高規模や広範囲の市場への進出など，地理的な到達による具体的な売上高規模をもとにした消費者の認知も，グローバル・ブランドには必要になるだろう。

(2)　ランキングから見るグローバル・ブランドの変遷

では，優れたグローバル・ブランドと言われたら，具体的にどのような企業を思い浮かべるだろうか。インターブランド社が発表するグローバル・ブランド価値評価ランキング「Best Global Brands」を見てみよう（**図表14-2**）。知っている企業ブランドはいくつあるだろうか。多くのブランドについて，一度は見聞きしたことがあるのではないだろうか。また，業種にも着目すると，テクノロジー企業，テクノロジーを駆使した小売業，飲料や自動車などのメーカー，

図表 14-2 「2022年ベストグローバル・ブランド」上位20社

	企業名	本社所在国	業　種	ブランド価値額（100万USドル）
1	Apple	アメリカ	テクノロジー	482,215
2	Microsoft	アメリカ	テクノロジー	278,288
3	Amazon	アメリカ	テクノロジー	274,819
4	Google	アメリカ	飲料	251,751
5	Samsung	韓国	小売	87,689
6	Toyota	日本	自動車	59,757
7	Coca-Cola	アメリカ	飲料	57,535
8	Mercedes-Benz	ドイツ	自動車	56,103
9	Disney	アメリカ	メディア	50,325
10	Nike	アメリカ	スポーツ用品	50,289
11	McDonald's	アメリカ	レストラン	48,647
12	Tesla	アメリカ	自動車	48,002
13	BMW	ドイツ	自動車	46,331
14	Louis Vuitton	フランス	ラグジュアリー	44,508
15	Cisco	アメリカ	ビジネスサービス	41,298
16	Instagram	アメリカ	メディア	36,516
17	Facebook	アメリカ	メディア	34,538
18	IBM	アメリカ	ビジネスサービス	34,242
19	Intel	フランス	テクノロジー	32,916
20	SAP	アメリカ	ビジネスサービス	31,497

出所：Interbrand〔2022〕.

レストランやメディアなどのサービス業など，多岐にわたる産業が並ぶ。それだけ多くの産業がグローバル化し，企業はグローバル・マーケティングを推進しているのである 。

2022年ランキングで首位はAppleであるが，Appleが初めて首位になったのは2013年である。本ランキングが公開された2000年から2012年までの首位は，Coca-Colaであった。Appleは，2006年時点での順位は39位であったが，翌2007年にスマートフォンのiPhoneを発売してからブランド価値を上げ，2013年に首位になって以降，そのランクを維持している。

また，ランキングの上位はテクノロジー企業が占めているが，テクノロジー業種の企業ブランドが常に上位にランクするというわけではない。**図表14-3**を見ると，AppleがiPhoneを発売する前の2006年時点では，携帯電話で世界的な市場シェアを誇ったNokiaや，PCを製造販売するHP，Dellなどが

図表 14-3　テクノロジー業種の主要ブランド・ランキング変遷

	2006年	2010年	2012年	2013年	2014年	2018年	2020年	2022年
Apple	39	17	2	1	1	1	1	1
Microsoft	2	3	5	5	5	4	3	2
Amazon	65	36	20	19	15	3	2	3
Google	24	4	4	2	2	2	4	4
Samsung	20	19	9	8	7	6	5	5
HP	13	10	15	15	17	54	65	62
Nokia	6	8	19	57	98	-	-	-
Dell	25	41	49	61	-	-	-	-

出所：Interbrand [2006, 2010, 2012, 2013, 2014, 2018, 2020, 2022]

図表 14-4　自動車業種の主要ブランド・ランキング変遷

	2006年	2010年	2012年	2014年	2016年	2020年	2021年	2022年
Toyota	7	11	10	8	5	7	7	6
Mercedes-Benz	10	12	11	10	9	8	8	8
Tesla	-	-	-	-	100	40	14	12
BMW	15	15	12	11	11	11	12	13
Honda	19	20	21	20	21	20	25	26

出所：Interbrand [2006, 2010, 2012, 2014, 2016, 2020, 2021, 2022]

Appleよりも上位であった。その後，消費者のスマートフォン所有率が高まると，既存製品の価値およびそれらブランド価値が変化した。スマートフォンの製造販売やそのOSを提供するAppleやGoogle，またスマートフォン上で楽しむメディアであるInstagramなどの企業ブランド価値が急上昇したのである。

このようなブランド価値の変化は，テクノロジー業種に限らない。2022年の上位20社には，自動車業種のブランドが複数ランクインしている。主要自動車ブランドのランキング推移を**図表 14-4**に示した。これを見ると，2006年から2022年まで，主要な企業ブランドは安定して上位にランクしており，自動車はブランド価値が高い企業が多い産業の一つでもある。その中で，2000年代に創業し，電気自動車を製造販売するTeslaが，2016年に100位となった。その後，Teslaはブランド価値を高め，2022年にはBMWやHondaよりも上位の12位に躍進している。このように自社ブランド価値は安定していても，ライバルに追い越されることがある。

一方，ブランド価値額はテクノロジー企業に大きく劣るが，長らくそのブランド価値を高く保っている企業もある。例えば2022年には7位にランクしているCoca-Colaである。同社は，このブランド・ランキング調査が開始された2000年からAppleが首位になる前の2012年までの13年間，第1位でありつづけた。その後も大きくブランド価値額を減らすことなく，トップ10にランクし続けている。

ブランド価値を上げることは大切である。そして，それを維持していくことはもっと大切である。マーケティングは，消費者に自社製品やサービスを需要され続けるための活動であり，ブランドは，その消費者に認識され需要されるために構築する資産だからである。

（3） グローバル・マーケティングにおけるブランド

企業にとって，製品やサービスの価値を増大させる資産となるブランドが高いことは，世界の市場でマーケティングを行う上で有利になる。マーケティングの各要素をすべて標準化戦略にできれば，どの国の消費者にとっても，他の売り手のそれと異なると同じように認識できる。しかし，必ずしもすべての要素で標準化戦略をとれるとは限らない。適応化戦略を主体とする，あるいは部分的に適応化戦略をミックスすることも多い。すると，各国市場によって商品そのものや広告などのプロモーションなどが異なる。企業にとって，とてもコスト負担の大きいマーケティング・プログラムを組むことになる。しかし，各国の消費者の認識がブランド名やシンボルと結びついていたらどうであろう。多少のカスタマイズは必要でも，標準化が可能になることが出てくる。例えば，現在はNestlé社が世界で販売するチョコレート菓子の1つに「キットカット」がある[10]。キットカットは国や市場により異なるフレーバーの商品を展開しているが，キットカットというブランド名は共通である。そのため，商品のフレーバーは異なったとしても，企業にとってキットカットという製品のマーケティング管理自体は1つに集約が可能である。また，グローバル化によりモノや情報だけではなく，ヒトの移動も増えている。以前に比べて海外旅行が容易になり，日本にも海外からの観光客は年々増加している。そんな観光客が日本の店舗でキットカット商品を目にしたら，フレーバーは異なっても，どこの企業のどのような商品かはすぐに認識が可能である。それは企業にとって，新たな宣伝をしなくてもよいことになる。

このようにグローバル・ブランドは，グローバル・マーケティング活動を推進していく上で欠かせない要素の1つである。そのため，近年ではオリンピックやサッカーワールドカップなど，世界規模のスポーツイベントなどに協賛することで，世界の消費者に対する企業や製品のブランド認知をあげる活動を積極的に行う企業が増加しているのである[11]。

【課題レポート】

① 興味のある日本企業1社を挙げ，どのようなグローバル・マーケティング活動を行っているかを調べてまとめなさい。

② Apple社が10年間で大きくグローバル・ブランド価値を上げられた要因について，調べてまとめなさい。

【復習問題】

① マーケティングとグローバル・マーケティングの違いについて説明しなさい。

② 標準化と適応化とは何かについて，それぞれ説明しなさい。

＜注＞

1) アメリカでは円という通貨ではなく，米国ドルという通貨が主として流通しているため，市場ごとに異なる通貨の対応も必要となる。
2) ただし，同じ業界の企業および関連企業等で構成される業界団体などが，政府機関に法律の制定や規制の緩和などを陳情し，国会等で議論された上で制定・緩和されることはある。
3) Kotabe and Helsen〔2007〕（訳書 p.55）.
4) Levitt〔1983〕.
5) Jain〔1989〕.
6) Ratchford〔2010〕.
7) 日本マクドナルド社ホームページより（お客様相談窓口「よくあるご質問」上にある「日本向けに，工程・原材料・味付けを変えている商品はありますか？」に対する回答から一部を抜粋）。
8) Aaker and Joachimsthaler〔2000〕p.392.

9）同社ランキングにおけるブランド価値は，財務力，ブランドが購買意思決定に与える影響力，ブランドによる将来収益の確かさという観点から評価する手法をとっており，国際標準化機構（ISO）からISO10668の認定を受けている評価測定方法である（株式会社インターブランドジャパン2017年9月25日付報道資料より）。

10）ただし，アメリカではThe Hershey Companyが「キットカット」を販売している。

11）詳細は第8章3.国際プロモーション戦略を参照のこと。

＜参考文献＞

Aaker, D. A. and E. Joachimsthaler〔2000〕*Brand Leadership,* New York: Free Press.（阿久津聡訳〔2010〕『ブランド・リーダーシップ―「見えない企業資産」の構築―』ダイヤモンド社。）

Cateora, P. R., M. C. Gilly and J. L. Graham〔2009〕*International Marketing* 14th ed., McGraw-Hill/Irwin.

Interbrand〔2006〕Best Global Brands.

――――〔2010〕Best Global Brands.

――――〔2012〕Best Global Brands.

――――〔2013〕Best Global Brands.

――――〔2014〕Best Global Brands.

――――〔2018〕Best Global Brands.

――――〔2020〕Best Global Brands.

――――〔2021〕Best Global Brands.

――――〔2022〕Best Global Brands.

Jain, S. C.〔1989〕"Standardization of International Marketing Strategy: Some Research Hypotheses," *Journal of Marketing*, 53(1), pp.70-79.

Kotabe, M. and K. Helsen〔2007〕*Global Marketing Management,* 4th Edition, John Wiley & Sons, Inc.（栗木契監訳〔2010〕『国際マーケティング』碩学社。）

Levitt, T.〔1983〕"The Globalization of Markets," *Harvard Business Review*, May-June, pp.92-102.

Ratchford, B. T.〔1987〕"New Insight About the FCB Grid," *Journal of Advertising Research*, 27 (4), pp.24-38.

株式会社インターブランドジャパン，ニュースリリース「インターブランド「Best Global Brands 2022」レポート「ブランド価値」によるグローバル・ブランドランキングTOP100を発表」(2022年11月23日)。

第 15 章

これからのマーケティング[1)]

本章のねらい

近年では，持続可能性をテーマとし企業の社会貢献を前提とする事業活動の要請が高まっている。さらにはブログやツイッター，ユーチューブやフェイスブック，ウィキペディアやインスタグラムなどといったいわゆるソーシャル・メディアの台頭が企業や消費者に大きく影響している。

このような変化を踏まえながら，今後のマーケティングを考えるため，ここではコトラーらの著作である『マーケティング 3.0』や『マーケティング 4.0』,『マーケティング 5.0』を確認しておこう。

本章では，最近の消費者や企業の変化を踏まえつつ，『マーケティング 3.0』やこれを補完する『マーケティング 4.0』，『マーケティング 5.0』の内容を紹介しながら，これからのマーケティングについて考えていくことにする。

キーワード

コーズ・リレーテッド・マーケティング，CSV，エシカル消費，マーケティング 3.0，協働マーケティング，文化マーケティング，スピリチュアル・マーケティング，マーケティング 4.0，マーケティング 5.0

1. 企業の社会貢献活動とエシカル消費

(1) 本業と関連性の高い社会貢献活動の高まり

近年，企業の社会貢献活動への関心は高まっている。例えば，ダイドードリンコは2002年より“Dynamic DO”の企業姿勢のもと，「日本の民俗文化を映像として後世に伝えたい」，「地域を愛する人々の想いを全国に発信したい」，「日本の民俗文化の価値を高めたい」ということを目的として，テレビ番組やウェブサイト，新聞，雑誌，ラジオなどのメディアを用いて全国各地で行われている伝統的なお祭りを毎年いくつか選定し，応援し続けている[2)]。

その他の多くの企業も様々な社会貢献活動を行っているが，近年では，かつてのように本業との関連性の薄い活動ではなく，本業に直結するような本業との関連性の高い「戦略的なCSR活動」への取り組みが盛んに行われている。

例えば，アサヒビールはスーパードライの1缶につき1円，47都道府県で環境や文化遺産の保護に対する寄付活動を行っている。地域貢献活動を通じてスーパードライの存在感を高める狙いがあり，2009年以降，全国で継続して行っている[3)]。

良品計画は，2015年からデニムの素材として，トルコ産のオーガニックコットンを使用することを表明している。そもそも通常の綿の栽培では，大量の農薬を使用するため生産者の健康被害や綿の栽培による土壌汚染も懸念されている。一方，オーガニック綿は「3年以上農薬や化学肥料などを使用していない土壌で栽培する」ため，生産者の健康被害や土壌汚染の心配はない。このような環境配慮や有機栽培でできた素材を活用することで環境に対する配慮を事業活動の中で示している[4)]。

キリンホールディングスは，「午後の紅茶」の原料産地であるスリランカの小規模農園に対して，「生物の多様性」と「人々の持続可能な生活の確保」を使命として活動している「レインフォレスト・アライアンス認証」の取得支援を始めている。具体的にはキリンホールディングスが農園指導にかかる費用を拠出することで，小規模農園の農園指導を現地NGOに委託し，環境保護と安定した原材料の調達を目指している[5)]。

森永製菓は「みんなの笑顔を未来につなぎたい」という想いのもと，チョコ1個につき1円をカカオの産地に寄付する「1チョコ for 1スマイル」企画を2008年から継続している。2022年度時点で「カカオの国の子どもたち」への支援は，5か国154村・集落，1.7万人以上の子どもたちへ広がり，児童労働から解放された「カカオの国の子どもたち」は600人程度，支援を行った学校の数は，約90校，教育や児童労働などに関して啓発した大人の人数は約6,100人となっている。こういった「寄付チョコ」や「チャリチョコ」，「サポチョコ」の購入希望者は多く，支援の輪も広がっている[6)]。

上述のような動向は，企業が社会問題の解決といった大義（Cause）をアピールし，それに共感する人々を取り込み，かつ売上の増加を目指すマーケティング手法として，コーズ・リレーテッド・マーケティングといわれている[7)]。

こうした本業との親和性や関連性が高い社会的な課題に取り組むことを中心とした，いわゆる戦略的CSRの実践を通して，経済的価値の創造とともに社会的価値を両立させることをCSV（Creating Shared Value）の実践と捉えることができる。

もっとも，企業だけでなく地方公共団体もこうした活動に積極的である。例えば，熊本市は2011年6月に貿易を通じて発展途上国の自立を支援する活動に対して地域を挙げて取り組む「フェアトレードシティ」にアジアではじめて認定されている[8)]。

このように，企業や地方公共団体も社会貢献活動に対して積極的なのは，それを支持する消費者が存在するためである。

(2)　エシカル消費

なぜ上述の企業の活動に対して，消費者は商品の購入に肯定的なのか。このような消費者の行動には「エシカル（ethical：倫理的，道徳的）」があると考えられている。エシカルには，エコロジーや貧困の解消，児童労働の解消，伝統や職人芸の再評価，コミュニティの再生といった概念が含まれる[9]。

エシカルを軸にしたリッチー・エブリデイというかばんのブランドは，「カワイイ」や「おしゃれ」などとされ幅広い世代から支持を集めている。もともと「ウガンダの女性の生活がよくなるように」として立ち上げられたこのブランドは，カラフルなアフリカンプリント生地を用いており，ファッショントレンドも追い風となっている。

同ブランドの立ち上げた仲本氏は「『エシカル』はかわいくないと意味がない。」という持論を持っており，社会貢献を目的として購入する消費者はリピーターになりにくいという経験則を持っている。そのため，個性的なデザインや使い勝手の良さ，そして手ごろな価格で製品を提供することで支持を得ている[10]。

また，エシカル消費に対する関心の高まりに対応し，流通業者も取り組みを強化している。例えば，イオンはヨーロッパで普及している食の安全・安心に配慮した農業生産管理の国際認証である「グローバルGAP（Good Agricultural Practice）」を取得した農場で作っている野菜を示すGGN（GLOBAL G. A. P. Number）ラベルを付けたタマネギやジャガイモ，バナナなどの販売を開始している。また水産物でも同様に取り組みを強化する。持続可能な漁業に与えられる海のエコラベルと呼ばれるMSC（Marine Stewardship Council）認証やASC（Aquaculture Stewardship Council）認証付きの魚を増やすなかで価格競争を回避しようとしている[11]。

（3） 持続可能な環境への取り組みの重要性

本業に関連性の高いCSR活動やエシカル消費に対応する企業や組織の取り組みは，企業の事業活動の様々な場で影響力を増している。

世界経済フォーラムの『グローバル・リスク報告書2023年度版』によると，グローバルリスクの短期的（2年程度）なリスクのベスト5は，1位が生活費危機，2位は自然災害と異常気象，3位は地経学上の対立，4位は気候変動の緩和策の失敗，5位は社会的結束の侵食と社会の二極化である。また，長期的（10年程度）なリスクのベスト5は，1位は気候変動の緩和策の失敗，2位は気候変動への適応策の失敗，3位は自然災害と異常気象，4位は生物多様性の喪失と生態系の崩壊，5位は大規模な非自発的移住となっている。このように気候変動や自然災害へのリスクが強く認識されているということである[12)]。

こうした自然災害や気候に対する企業の取り組みは重要視されている。企業においては，「事業活動で活用している自然生物多様性を金銭的価値として評価する『自然資本』の概念」が広がっており，「自然資源を循環させ持続可能な消費」が目指されている[13)]。これらの動きは調達活動の場でも広がっており，そのような投資としてESG投資が注目されている。

ESG投資とは，「財務情報といった従来からの投資尺度だけでなく，Environment（環境）やSocial（社会），Governance（ガバナンス）などの非財務情報を考慮しつつ，収益を追求する投資手法のことを指す。そのため，責任投資（RI：Responsible Investment）や持続可能な投資（SI：Sustainability Investment）などとも呼ばれている」[14)]。この動きは世界的に拡大傾向である。世界持続可能投資連合（GSIA：Global Sustainable Investment Alliance）によれば，2022年の世界のESG投資額は30.3兆USドル（約4,500兆円）であり，世界全体の投資額に占めるESG投資の割合は24.4％に当たる。ESG投資は欧州での支持が高いが，日本でもこの投資は浸透してきている。なお，2022年の日本のESG投資額は493兆円程度であり，2014年から2020年までのESG投資における年平均成長率は122%となっている[15)]。

このように，そもそも社会的に問題のある企業には投資したくないというサステナブルな投資として，いわゆる社会的責任投資（SRI：Socially Responsible Investment）は，広がりを見せている。こうした動きは今後も展開されていくことが予想され，企業においては，社会貢献活動を前提とした事業活動の実践が必要不可欠になる。

2. マーケティング3.0・マーケティング4.0・マーケティング5.0

（1） マーケティング3.0における協働マーケティング，文化マーケティング，スピリチュアル・マーケティング

「ソーシャル・メディア時代の新法則」と副題のつく『コトラーのマーケティング3.0』は，ソーシャル・メディアが台頭してきた中の処方箋として，今後のマーケティングにヒントを与えてくれる。

この本によれば，マーケティング1.0は製品中心の考え方，マーケティング2.0は消費者志向の考え方，マーケティング3.0は価値主導や人間中心の考え方に基づき収益性と企業の社会的責任がうまく両立する段階であると説明しており，それぞれの違いは，**図表15-1**のように整理されている。

上述のような社会貢献活動やエシカル消費の状況を考慮すれば，実際にはマーケティング2.0と3.0の間でマーケティング諸活動を実践している企業が多くなってきているものと考えられる。

こうした変化はマーケティング諸環境にも影響を与え，大きく3つのマクロ経済環境の変化が指摘されている[16)]。第1に，ニューウェーブの技術による変化としてソーシャル・メディアの台頭を挙げている。これはブログやツイッター，ユーチューブ，フェイスブック，フリッカーなどの表現型ソーシャル・メディアと呼ばれるカテゴリーとオンライン百科事典のウィキペディアや映画批評サイトのロトン・トマト，コミュニティ情報サイトのクレイグズリストなどの協働型メディアという2つのカテゴリーがある。第2に，グローバル化のパラドックスを挙げている。民主主義導入国に対する非民主的な国家の存在やグローバル化による不平等な経済，均一な文化以上に多様な文化の存在を指摘する。第3に，クリエイティブ社会の時代の到来である。科学，芸術，専門サービスなどクリエイティブな分野で働く右脳人間が活躍していくと指摘する。

こうした3つの変化に対して，協働マーケティング，文化マーケティング，

図表 15-1　マーケティング 1.0，2.0，3.0 の特徴

	マーケティング 1.0	マーケティング 2.0	マーケティング 3.0
	（製品中心のマーケティング）	（消費者志向のマーケティング）	（価値主導のマーケティング）
目　　的	製品を販売すること	消費者を満足させ，つなぎとめること	世界をよりよい場所にすること
可能にした力	産業革命	情報技術	ニューウェーブの技術
市場に対する企業の見方	物質的ニーズを持つマス購買者	マインドとハートを持つより洗練された消費者	マインドとハートと精神を持つ全人的存在
主なマーケティング・コンセプト	製品開発	差別化	価　値
企業のマーケティング・ガイドライン	製品の説明	企業と製品のポジショニング	企業のミッション，ビジョン，価値
価値提案	機能的価値	機能的・感情的価値	機能的・感情的・精神的価値
消費者との交流	1 対多数の取引	1 対 1 の関係	多数対多数の協働

出所：Kotler, et al.〔2010〕（邦書 p.19）.

スピリチュアル・マーケティングという 3 つのマーケティングが必要となり，これらの融合によってマーケティング 3.0 は生み出されていくとされている。協働マーケティングは，似通った価値や欲求を持つ経済主体の協働活動を意味しており，「共創」がキーワードとなる。文化マーケティングは，グローバル化の政治的・経済的・社会文化的パラドックスの中で，グローバル市民の関心や欲求（貧困，不公正，環境の持続可能性，地域社会に対する責任，社会的目的など）に応えるアプローチであり，自社の事業に関係のあるコミュニティの問題を理解する必要がある。グローバル市民の関心や欲求に応えるため，コミュニティの問題を理解することが有効となる。そしてスピリチュアル・マーケティングは，人間の最も重要な欲求として，精神的欲求が生存欲求に取って代わりつつあることを十分に認識して，企業が人間の幸福にどのように貢献していくかを明確にすることである。

(2) 今後のマーケティングにおける企業のミッション，ビジョン，価値[17)]

マーケティング3.0では，人間のマインドとハートと精神に訴えていくことが必要となり，そのためには，消費者の不安・欲求を特定化しなければならない。そして，彼らの社会を，また世界全体をよりよい場所に，理想的な場所にしたいという思いと同じ夢を企業が持ち，世界に違いを生み出す必要がある。

ミッションが企業創業時という過去に根ざしているのに対し，ビジョンは未来を生み出すためのものである。企業はミッションの定義を考慮して未来のイメージを描き出す必要がある。それに対し，価値は企業が何を大切にしているかを示すもので，企業組織としての行動規範とみなすことができる。そのため，**図表15-2**のような価値を基準にしたマトリクスを取り入れることも有効といわれている。

図表15-2　価値ベースのマトリックスモデル

	マインド	ハート	精神
ミッション （なぜ）	満足を届ける	願望を実現する	思いやりを実践する
ビジョン （何を）	利益を生む力	投資収益を生む力	持続する力
価値 （どのようにして）	よりよくする	差別化する	違いを生み出す

出所：Kotler, et al.〔2010〕（邦書 p.73）.

(3) マーケティング3.0の10原則

コトラーは，マーケティング3.0の10原則を次のように指摘している。

原則1：顧客を愛し，競争相手を敬うこと（顧客を愛するとは大きな価値を与え，彼らの感情や精神を感動させることによって，顧客のロイヤルティを勝ち取るということ）。

原則2：変化を敏感にとらえ，積極的な変化をすること。

原則3：評判を守り，何者であるかを明確にすること（価値を明確にし，決して放棄しないこと）。

原則4：製品から最も便益を得られる顧客を狙うこと（これはセグメンテーションの原則である）。

原則5：手頃なパッケージの製品を公正価格で提供すること。

原則6：自社製品をいつでも入手できるようにすること。

原則7：顧客を獲得し，つなぎとめ，成長させること（顧客を生涯にわたる顧客とみなそう）。

原則8：事業はすべて「サービス業」であると考えること（どのような事業を行っている企業でも，顧客に奉仕したいという気持ちを持たなければならない，あらゆる製品がサービスを遂行するのだから，あらゆる企業がサービス業である）。

原則9：QCD（品質，コスト，納期）のビジネス・プロセスの改善をすること（顧客や供給業者や流通パートナーに対する約束は必ず守らないといけない，品質・納期・価格に関して嘘やごまかしは決して行ってはいけない）。

原則10：情報を集め，知恵を使って最終決定すること（絶えず学び続ける必要性がある）。

(4)　マーケティング4.0

コトラーらは『マーケティング3.0』執筆後，すぐに近年の技術の進歩に注目している。具体的には，シェアリング・エコノミーやナウ・エコノミー，オムニチャネル・インテグレーション，コンテンツ・マーケティング，ソーシャルCRMなどである。そして，『マーケティング3.0』の先として『マーケティング4.0』は位置づけられている。このマーケティング4.0は価値主導や人間中心のマーケティングをどのように深化，拡大すればよいかを記述したマーケティング3.0を補完する考え方として捉えることができる。

ここでは，技術の融合は最終的にはデジタル・マーケティングと伝統的マーケティングの融合につながると指摘する。そしてその特徴は，「製品やサービスを知った顧客が購入・推奨に至るまでの道筋」である「カスタマー・ジャーニー」の変化に適応することである。そのため，マーケターの役割は，認知から最終的に推奨に至るまで，カスタマー・ジャーニーの間中，顧客の道案内をすることとなる。こうした道案内を通して，デジタル化に伴い変化する購買行動への対処が指摘されている（カスタマー・ジャーニーについては，**図表15-3**を参照のこと）。

また，デジタル・マーケティングとこれまでのマーケティングを融合させる上で，「接続性」という概念の重要性についても注目すべきである。現在のようにいつでも日常に密着しているスマートフォンの存在は，ショールーミングやウェブルーミングを当たり前の行動とし，そもそもデジタル・ネイティブにとっては，デジタル・マーケティングとの距離を感じさせないと思われる。

このように，マーケティング3.0で示される持続可能性や社会的責任，マーケティング4.0で示されるオンライン（リアル）とオフライン（ネット）を実践的に活用している企業の例として，アメリカのニューヨークで2010年に創業したワービーパーカー（Warby Parker）というアイウェア（メガネ）ブランドがある。

メガネが日本のように安くないアメリカにおいて，「学生でも買える価格でデザイン性の高いサングラスを提供するため」に創業された。そのための工夫として自社で一貫してデザイン・製造を行うこと，オンライン販売を中心としてコスト削減する中で安価な値段でメガネを提供できる工夫をしている。もっとも，オフラインの場として実店舗も有している。そこはショールームストアとして位置づけられており，ネットでは難しい商品に対する気づきや発見などのブランド体験の場として利用している[18)]。

さらに，「メガネを購入すると自動的に社会貢献ができるという仕組み」を構築している。「Buy a pair, Give a pair」というメガネ1つの売上に対して，

図表 15-3　カスタマー・ジャーニーのマッピング

	認知（AWARE）	訴求（APPEAL）	調査（ASK）	行動（ACT）	推奨（ADVOCATE）
顧客の行動	顧客は過去の経験やマーケティング・コミュニケーション，それに他者の推奨から受動的にたくさんのブランドを知らされる	顧客は自分が聞かされたメッセージを処理し—短期的記憶を作ったり，長期記憶を増幅したりする—少数のブランドだけに惹きつけられる	顧客は好奇心にかられて積極的に調査し，友人や家族から，またメディアからさらにはブランドから直接追加情報を得ようとする	追加情報によって感動を強化された顧客は，特定のブランドを購入する。そして，購入・使用・サービスのプロセスを通じてより深く交流する	時とともに，顧客は当該プログラムに対する強いロイヤルティを育む。それは顧客維持，再購入，そして最終的には他者への推奨に表れる
考えられる顧客タッチポイント	● 他者からブランドのことを聞かされる ● たまたまブランドの広告に触れる ● 過去の経験を思い出す	● ブランドに惹きつけられる ● 検討対象にする少数のブランドを選ぶ	● 友人に電話してアドバイスを求める ● オンラインで製品レビューを検討する ● コールセンターに電話する ● 価格を比較する	● 店舗かオンラインで購入する ● その製品を初めて使う ● 問題について苦情をいう ● サービスを受ける	● そのブランドを使い続ける ● そのブランドを再購入する ● そのブランドを他者に推奨する
顧客の主な感想	知っている	大好きだ	よいと確信している	購入するつもりだ	推奨するつもりだ

出所：Kotler, et al.〔2016〕（邦書 pp.100-101）.

パートナーであるNPO団体に寄付し，発展途上国にメガネ販売支援を行っている。そこでは単にメガネを着古すだけでなく，視力検査と眼鏡販売の方法を覚えてもらうことで継続的な収入とより多くの人にメガネを届ける仕組みとなっている[19)]。

社会的責任や持続可能性，ソーシャル・メディアの有効利用やデジタル・マーケティングの有効活用をしつつ，顧客が言葉にできないほどの喜びを経験させること，さらにはエンゲージメントへと創造的に高めていくことが今後のマーケティングの役割として望まれる[20)]。

(5) マーケティング5.0[21)]

『マーケティング4.0』は，『マーケティング3.0』を補完する考え方として，企業のマーケティング諸活動にデジタル化を取り入れる後押しをしてきたが，その当時，人工知能（AI）や自然言語処理（NLP），センサー技術，モノのインターネット（IOT）などはデジタル技術として主流となっていなかったため，除外されていた。しかし，新型コロナウイルス感染症（COVID-19）の影響などがデジタル化を加速させたことにより，人間中心のマーケティングである『マーケティング3.0』の要素とテクノロジーによるエンパワメント（力の付与）という要素を含んだ『マーケティング5.0』が登場している。

マーケティング5.0は，「人間を模倣した技術を使って，カスタマー・ジャーニーの全工程で価値を生み出し，伝え，提供し，高めること」とされている。そのためにAIやNLP，センサー，ロボティクス，拡張現実（AR），IOT，ブロックチェーンなどの技術を組み合わせ活用することで，新しい顧客体験を生み出していく。

このマーケティング5.0の構成要素として，2つの規律と3つのアプリケーションが示されている。

2つの規律は，データドリブン・マーケティングとアジャイル・マーケティングである。前者は，「あらゆる決定が十分なデータに基づいて行われていなければならない」ことを規律とした「企業内外の様々な情報源からビッグデータを集めて分析するとともに，マーケティング決定を促進し，最適化するためにデータエコシステムを構築する活動」と定義されている。後者は，「分散型，部署横断型のチームを使って，製品やマーケティング・キャンペーンのコンセプトづくり，設計，開発，検証を迅速に行うこと」であり，「絶えず変化している市場に対処する組織の俊敏性」がこの規律となる。

アプリケーションについては，予測マーケティング，コンテクスチュアル・マーケティング，拡張マーケティングの3つがある。まず，予測マーケティングは，「機械学習機能を備えた予測分析ツールを構築，使用するなどして，マーケティング活動の結果を開始前に予測するプロセス」である。次に，コンテクスチュアル・マーケティングは，「顧客を識別し，プロファイリングした上で，物理的空有間でセンサーやデジタル・インター・フェースを活用して，顧客にパーソナライズされたインタラクションを提供する活動」である。そして，拡張マーケティングは，「顧客に対応するマーケターの生産性を向上させるために，チャットボットやバーチャル店員など，人間を模倣した技術を利用すること」である。

このようにマーケティング5.0においては，企業はデータドリブン能力構築（規律1）から始め，3つのアプリケーションを実施していくこととなるが，その際に市場の変化にリアルタイムで対応するための俊敏性（規律2）が求められる。

さらに，戦略を持続可能な開発目標と整合させることもマーケティング5.0では示されている。2030年を目処とした誰一人残さない持続可能な開発目標であるSDGsを踏まえ，企業は自社のマーケティング諸活動を実践することが求められている。世界をより良い場所にするために，人々に基本的な生活必需品や基本的なライフスキル，平等な機会を提供するための「人道的視点」と，環境を保全・保護し，サステナブルにしていく「環境的視点」から富の創出と公正な富の分配の両方を促進することで包摂的かつサステナビリティな開発を促進することが目指されている（**図表15-4**参照）。

図表 15-4　富の創出・分配を促進する SDGs を踏まえたマーケティングの視点

	富の創出	富の分配	
サステナビリティ	12　つくる責任、つかう責任 13　気候変動に具体的な対策を 14　海の豊かさを守ろう 15　陸の豊かさを守ろう	6　安全な水とトイレを世界中に 7　エネルギーをみんなに そしてクリーンに 11　住み続けられるまちづくりを	環境的観点
	8　働きがいも経済成長も 9　産業と技術革新の基盤をつくろう 16　平和と公正をすべての人に 17　パートナーシップで目標を達成しよう	1　貧困をなくそう 2　飢餓をゼロに 3　すべての人に健康と福祉を 4　質の高い教育をみんなに 5　ジェンダー平等を実現しよう 10　人や国の不平等をなくそう	人道的観点
	包摂性		

出所：Kotler, et al.〔2021〕（邦書 p.89）より作成

【課題レポート】

① ビジネスによって世界の貧困は解消できると思うか。A4（40 字× 30 行）10 枚程度（表紙・目次・参考文献一覧を除く）でまとめなさい。

【復 習 問 題】

① エシカル消費の特徴とは何か，説明しなさい。

② マーケティング 2.0 とマーケティング 3.0 以降には，どのような相違点があるのか，説明しなさい。

＜注＞

1) 本章は，住谷〔2014〕の構成をもとに筆者が改変したものである。
2) ダイドー・ドリンコ HP「日本の祭り 2018」《http://www.dydo-matsuri.com/about.php》（最終閲覧日：2018 年 11 月 25 日）。
3) 「アサヒ『スーパードライ』，1 缶 1 円寄付，全国で―環境保護など支援。」『日経産業新聞』（2009 年 2 月 12 日）参照。
4) 「アパレルもエコの時代，オーガニック採用・フェアトレード，ブランド価値高める狙い。」『日経 MJ』（2015 年 1 月 19 日）参照。
5) 「キリン HD，『午後の紅茶』原料産地で環境認証，小規模茶園の取得支援。」『日経産

業新聞』(2017年12月12日) 参照，レインフォレスト・アライアンスHP参照：《https://www.rainforest-alliance.org/lang/ja》（最終閲覧日：2018年11月25日）。

6）「寄付つき商品，仕組みは？―途上国へ，企業が橋渡し，社会貢献『ふだん着』感覚で。」『日経MJ』（2014年5月2日）参照。プラン・インターナショナル・ジャパンHP「世界の女の子をチョコで支援　#サポチョコ」参照《https://www.plan-international.jp/special/support_chocolate/》（最終閲覧日：2024年1月15日）

7）住谷〔2014〕pp.212-213参照。

8）森永製菓株式会社HP「数字で知る『1チョコfor 1スマイル』」《https://www.morinaga.co.jp/1choco-1smile/number/》（最終閲覧日：2024年1月10日），赤石祥子「アジア初，熊本でフェアトレード国際会議実現」『日本経済新聞』（2014年3月12日）（地方経済面九州）参照。このフェアトレードとは，持続可能性のある公正な取引を意味し，発展途上国の生産者から製品や原料を適正な価格ないし相対的に高い価格で購入し，生産者を支援することによって，貧困からの脱却に貢献するものである。

9）エシカルの概念及びエシカル消費については，石鍋仁美「エシカル消費の台頭（上）（中）（下）」『日経MJ』（2010年9月6日，10月4日，11月1日）に依拠している。

10）「社会貢献につながる商品，『エシカル』はカワイイ！　品質・機能，消費者つかむ，手仕事好む流行追い風。」『日経MJ』（2018年4月13日）参照。

11）「農漁業者の労働環境配慮，イオンやセブン，お墨付き，価格競争と一線。」『日本経済新聞』（2018年11月19日夕刊）参照。

12）マーシュジャパン／マーシュブローカージャパン翻訳（2023）『第18回グローバルリスク報告書2023年版』参照《https://www3.weforum.org/docs/WEF_Global_Risks_Report_2023_JP.pdf》（最終閲覧日：2024年1月15日）

13）福渡　潔〔2017〕「変わる環境経営（1）―注目のグローバルリスク」『日経産業新聞』（2017年6月14日）参照。

14）星野・齋宮〔2016〕pp.1-16参照。

15）Global Sustainable Investment Alliance（2023），*GLOBAL SUSTAINABLE INVESTMENT REVIEW 2022*, pp.10-11参照《https://www.gsi-alliance.org/wp-content/uploads/2023/12/GSIA-Report-2022.pdf》（最終閲覧日2024年1月15日）

16）以降は，Kotler et al.〔2010〕（邦書pp.24-45）に依拠している。

17）本節は，Kotler et al.〔2010〕（邦書pp.69-76）に依拠している。

18）室井淳司「クリエイティブな購買体験デザイン～ケーススタディ　DIFFERENCE, Warby Parker」『Adver Time（アドタイ）』2018年8月7日掲載記事参照。《https://www.advertimes.com/20180807/article275380/2/》（最終閲覧日：2018年11月28日）。

19）三浦　茜「商品購入し社会貢献」『日経MJ』（2016年7月29日）参照。《https://www.difa.me/10523/warby-parker》参照（最終閲覧日：2018年11月20日）。

20）Kotler, et al.〔2010〕（邦書pp.252-254）に依拠している。

21）Kotler, et al.〔2021〕（邦書pp.18-38）に依拠している。

＜参考文献＞

伊藤正晴〔2014〕「社会的責任投資（SRI）を学ぶ―「持続可能な社会」に向けて―（第1回）」『大和総研グループレポート・コラム』《https://www.dir.co.jp/report/research/

introduction/financial/esg-sri/20140422_008458.html》（最終閲覧日：2018 年 11 月 20 日）。
恩藏直人〔2007〕『コモディティ化市場のマーケティング戦略』有斐閣。
世界経済フォーラム『第 13 回　グローバル・リスク報告書 2018 年度版』（2018 年 1 月 17 日発表資料）。
住谷　宏〔2014〕「これからのマーケティング」菊池宏之編著『現代マーケティング入門』同文舘出版。
芳賀康浩〔2009〕「社会的視点をもつマーケティング戦略へのステークホルダー研究の示唆」『青山経営論集』44(1), pp.195-210。
星野聡子・齋宮義隆〔2016〕「グローバルな ESG 投資の潮流と日本の展望」『三菱 UFJ 信託資産運用情報』2016 年 1 月号。
Kotler, P., H. Kartajaya and I. Setiawan〔2010〕*Marketing 3.0: From Products to Customers to the Human Spirit,* Wiley.（恩藏直人監訳, 藤井清美訳〔2010〕『コトラーのマーケティング 3.0：ソーシャル・メディア時代の新法則』朝日新聞出版。）
Kotler, P., H. Kartajaya and I. Setiawan〔2016〕*Marketing 4.0: Moving from Traditional to Digital,* Wiley.（恩藏直人監訳, 藤井清美訳〔2017〕『コトラーのマーケティング 4.0：スマートフォン時代の究極法則』朝日新聞出版。）
Kotler, P., H. Kartajaya and I. Setiawan〔2021〕*Marketing 5.0: Technology for Humanity,* Wiley.（恩藏直人監訳, 藤井清美訳〔2022〕『コトラーのマーケティング 5.0：デジタル・テクノロジー時代の革新戦略』朝日新聞出版。）

索　引

〔さ行〕

〔た行〕

〔な行〕

〔は行〕

〔ま行〕

2019年 3 月20日　初版発行
2023年 3 月10日　初版 6 刷発行
2024年 3 月15日　第2版発行　　　　略称：マーケ基礎（2）

マーケティング論の基礎
（第 2 版）

編　者　© 現代マーケティング研究会
発行者　　中　島　豊　彦

発行所　　同 文 舘 出 版 株 式 会 社
東京都千代田区神田神保町1-41　〒101-0051
電話　営業（03）3294-1801　編集（03）3294-1803
振替 00100-8-42935　https://www.dobunkan.co.jp

Printed in Japan 2024　印刷・製本：萩原印刷
製版：萩原印刷
装丁：オセロ

ISBN 978-4-495-64962-3